STAR WARS

CHARACTER
ENCYCLOPEDIA

スター・ウォーズ キャラクター事典
最新完全版

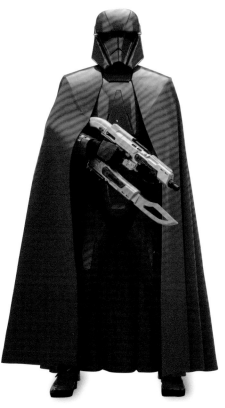

文：パブロ・ヒダルゴ
　　サイモン・ビークロフト
　　エリザベス・ドーセット
　　ダン・ゼール
　　エイミー・リチャウ

CONTENTS

目　次

初代デス・スターの設計図を盗んだのは誰か？　どのドロイドが非情な賞金稼ぎになったのか？ 陸の上でも水中でも呼吸ができるのは誰？　スター・ウォーズにはさまざまな英雄や悪漢、エイリアンやドロイドが登場する。そのすべてが、終焉間近な銀河共和国で起こる出来事や、クローン大戦のさまざまな戦い、帝国に対する必死の反乱、ファースト・オーダーの台頭のなかで、大なり小なり、なんらかの役割を果たしている。

キャラクターを探すには？

アルファベット順に並んだ名前や肩書から、 もしくは286ページの索引から検索ください。

2-1B

外科医ドロイド

DATA FILE

所属：なし
型：外科医ドロイド
製造企業：インダストリアル・
　　　　　オートマトン
体高：1.77m
登場作品：III、S、V、VI
参照：ダース・ベイダー、
　　　ルーク・スカイ
　　　ウォーカー

ボキャブレーター

透明の
油圧装置カバー

2-1Bシリーズの外科医ドロイド
は、百科事典のように広範囲の
知識を収めたメモリー・バンク
を備えている。それにより生体
組織のあらゆる損傷に最善の処
置を施すことができるのだ。

2-1Bシリーズ医療
および外科医ドロイドは、共和国時代か
ら使われていた。ホスにある反乱同盟軍
基地で、ワンパに襲われたルーク・スカイ
ウォーカーをはじめ、多くの反乱同盟軍兵
士のけがの手当てを行ったのも、この2-1B
ドロイドである。

油圧式脚

共和国で使われていた1体の2-1Bドロ
イドが、全身に重度の火傷を負ったダー
ス・ベイダーを見事によみがえらせた。

反乱同盟軍の外科医

2-1Bはほとんど、もしくはまったく傷痕を
残さず治療できる、きわめて優れた技術を
持つ外科医だ。長年にわたり人間を治療
してきた経験から、思いやりを持って治療
にあたる。その腕前にすっかり感心した
ルーク・スカイウォーカーは、クラウド・
シティで片手を失ったあと、再びこのド
ロイドの手当てを受けたいと望む。

安定性のある足

4-LOM

賞金稼ぎになったプロトコル・ドロイド

DATA FILE

所属：賞金稼ぎ

型：LOMシリーズ・プロトコル・
　　ドロイド

製造企業：インダストリアル・
　　　　　オートマトン

体高：1.67m

登場作品：V

参照：ダース・ベイダー、
　　　ジャバ・ザ・ハット、
　　　ザッカス

複眼構造の
フォトレセプター

ブラステック社製
DLT-19重ブラスター・
ライフル

使いこまれ、傷んだ
黒いプレート

ホスの戦いのあと、ダース・ベイダーはミレニアム・ファルコンを捜すため、4-LOMやほかの賞金稼ぎを雇う。

昆虫のような顔のこのヒューマノイド・ドロイドは、自分が仕える種族に似せて作られた、高度な機能を誇るプロトコル・ドロイドだった。しかし、豪華客船の仕事を割り当てられた4-LOMは、まもなく自分のプログラムを上書きし、賞金稼ぎとして犯罪者の道を歩きはじめる。

4-LOMを恐るべき賞金稼ぎに変えたパーソナリティ・ソフトウェアの破損は、LOMシリーズの欠陥として知られている。アウター・リム領域では、似たような改竄（かいざん）を自らに施し、用心棒や殺しを請け負う同シリーズのプロトコル・ドロイドが目撃されている。

危険なふたり組

4-LOMは同業のザッカスと組んで仕事をすることが多い。4-LOMの演繹力と分析力にザッカスの第六感が加われば、どんな仕事も成功間違いなし。たんまり金儲けができるのだ。

アイラ・セキュラ
AAYLA SECURA
トワイレックのジェダイ・ナイト

DATA FILE

所属：ジェダイ
出身惑星：ライロス
種族：トワイレック
身長：1.7m
登場作品：II、III
参照：アソーカ・タノ、
　　　キット・フィストー、
　　　メイス・ウィンドゥ、ヨーダ

機転が利くトワイレック種族のジェダイ、アイラ・セキュラは、持ち前の身体能力を駆使して大胆にライトセーバーを使い、敵を翻弄する。クローン大戦では将軍としてクローン兵士の部隊を指揮し、多くの戦いに臨んだ。

青いカイバー・クリスタルが内蔵されたライトセーバー

レック（ヘッド＝テール）

ライクリットの革で作られたベルト

アイラ・セキュラは、型破りなジェダイとして知られるクインラン・ヴォスのもとで訓練を受けた。知性豊かなジェダイだが、お茶目な一面もある。クローン大戦中、敵に撃ち落とされて草原の惑星マリダンに不時着したときには、若いアソーカ・タノに自分が師から学んだ経験を話して聞かせた。

体にぴったりした動きやすい服

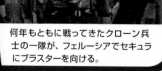

絶体絶命
ジオノーシスの戦いで、アイラ・セキュラは仲間のジェダイとともにジオノージアン兵士に囲まれ、窮地に追いこまれる。さいわいクローン・トルーパーからなる援軍が救出に駆けつけ、生き延びることができた。

何年もともに戦ってきたクローン兵士の一隊が、フェルーシアでセキュラにブラスターを向ける。

アディ・ガリア

ソロシアンのジェダイ・マスター

DATA FILE

所属：ジェダイ
出身惑星：コルサント
種族：ソロシアン
身長：1.84m
登場作品：I、II
参照：ベイル・オーガナ、
　　　ヴァローラム議長、イース・
　　　コス、イーヴン・ピール、
　　　スタス・アリー

アディ・ガリアは、コルサントに赴任した上級外交官僚の娘として生まれた。ジェダイ・マスターであるガリアはジェダイ評議会のメンバーとして様々な決定に加わり、クローン大戦ではジェダイの将軍として共和国を守るために雄々しく戦う。

鱗状の頭部からは、肉質の触手が垂れている

ジェダイのローブ

ライトセーバー

ユーティリティ・ポーチ

評議会のメンバーであるアディ・ガリアは、優れた直観力を持つジェダイ・マスターとして尊敬されている。

膝丈の旅行用ブーツ

情報収集に長けたアディ・ガリアは、元老院の上層部にとって貴重な存在だったが、クローン大戦中、ナイトブラザーとして育ち、シスの弟子となったサヴァージ・オプレスに殺され、短い生涯を終えた。

ジェダイ・テンプル

ガリアはコルサントにあるジェダイ・テンプルを拠点に活動しているが、クローン大戦のさなかには、銀河全体に広がった戦場へ送られることもあった。ジェダイ・マスターのイース・コスがサルーカマイ上空でグリーヴァス将軍に捕われたときには、その救出任務にも加わった。

アクバー提督

レジスタンス宇宙軍の提督

DATA FILE

所属：反乱同盟／レジスタンス
出身惑星：モン・カラ
種族：モン・カラマリ
身長：1.8m
登場作品：VI、VII、VIII
参照：アフタブ・アクバー、
　　　メイディン将軍、
　　　モン・モスマ、
　　　プリンセス・レイア

アクバー提督は海洋惑星モン・カラで生まれた。クローン大戦を経験した筋金入りの軍人で、のちの銀河内戦では同胞を反乱同盟軍に加わるよう説きふせた。銀河内戦後は引退していたが、ファースト・オーダーの台頭に不安を抱くプリンセス・レイアに説得され、レジスタンスに加わる。

アクバーは旗艦ホーム・ワンから反乱同盟軍艦隊を指揮する。

階級章

水をはじく皮膚

ベルトのバックル

エンドアの戦いで、アクバー提督は反乱同盟軍の総司令官として同盟軍艦隊の指揮を執り、帝国軍の大型戦艦を攻撃する。

エンドアで帝国軍に勝利してから数十年後、ギアル・アクバーは惑星ディカーにある基地でレジスタンスの幕僚として任務をこなす。

ホーム・ワン

アクバーの同胞であるモン・カラの人々は、巨大なモン・カル・スター・クルーザーを反乱同盟軍に提供した。アクバーの旗艦となったホーム・ワンは、反乱同盟軍の拠点であるホスのエコー基地が帝国に発見され、破壊されたあと、移動式総司令部として大いに活躍する。

8

オッゼル提督

エグゼクターの司令官

DATA FILE

所属：帝国

出身惑星：カリダ

種族：人間

身長：1.75m

登場作品：V

参照：ピエット提督、

　　　ダース・ベイダー、

　　　ヴィアーズ将軍

将校のディスク

帝国軍コード・シリンダー

階級板章

機密データ貯蔵スペースを備えたベルトのバックル

つま先をデュラスチールで強化したブーツ

ケンダル・オッゼルはダース・ベイダーの巨大な旗艦、エグゼクターの司令官である。ときに危ういオッゼルの指揮のもと、エグゼクターはハイパースペースから通常空間に戻ったが、あまりにも惑星ホスに近すぎたため、反乱軍に艦隊の接近を探知される。

クローン大戦中、共和国宇宙軍に所属していたケンダル・オッゼルは、まもなく頭角を現し、着々と昇進して提督となった。野心は人一倍旺盛だが、オッゼルは判断力に欠け、戦術的センスもないため、尊大な振る舞いでそれを隠そうとする。

エグゼクターは、ダース・ベイダーの指揮下にあるスター・デストロイヤー艦隊、"死の小艦隊"の旗艦だ。

命取りになった失策

ベイダーはオッゼルを、「愚かなばかりか無能な男」だとみなしていた。そのオッゼルが惑星ホスに生命体が存在するという証拠を疑うだけならまだしも、反乱軍の不意を突く作戦にも失敗すると、ベイダーは容赦なくフォースで彼の喉を絞めて窒息死させ、ピエット艦長を提督に昇格させて、その後釜にすえる。

ピエット提督

エグゼクターの艦長

DATA FILE

所属：帝国
出身惑星：アクシラ
種族：人間
身長：1.73m
登場作品：V、VI
参照：オッゼル提督、
　　　ダース・ベイダー

艦橋に飛びこんできた一機のA ウイングが、一瞬にしてそこにいた乗員のすべてを殺し、エグゼクターを墜落させた。

忠誠心の篤い帝国軍人ピエットは、ダース・ベイダーの旗艦、エグゼクターの艦長である。ベイダーがフォースを用いて無能なオッゼル提督を死に至らしめた直後、ピエットは艦隊の提督に昇格した。彼は反乱軍のA ウイングがエグゼクターの艦橋に突っこんできたときに命を落とす。

帝国宇宙軍将校の
上着

革の手袋

ほとんどの帝国軍将校は特権に恵まれたコア・ワールドの中心にある惑星出身だが、ファーマス・ピエットはアウター・リムの惑星で生まれ育った。頭の回転が速いだけでなく、自分の過ちを巧みにほかの誰かになすりつけることでも知られている。

危険な戦略

ベイダーに仕える将校は、鉄の意志を持つこの暗黒卿に完全な服従を要求される。ミレニアム・ファルコンを追って小惑星帯に入れとベイダーに命じられると、一瞬の判断の誤りが死につながる危険を知るピエットは、不安に駆られながらもこの指示に従う。

ラダス提督

モン・カラマリの艦隊司令官

DATA FILE

所属：反乱同盟
出身惑星：モン・カラ
種族：モン・カラマリ
身長：1.9m
登場作品：RO
参照：アクバー提督、メリック将軍、
　　　プリンセス・レイア

地上でも水中でもよく見える
魚のような目

厳格で意志の強いラダス提督は、反乱同盟の初期メンバーのひとりである。彼が反乱運動に加わったのは、故郷の海洋惑星モン・カラが帝国に占領されたときだった。ラダスは献身的に艦隊司令官という職務を果たしている。

指令の入った
防水データパッド

ラダスには、水中都市ニスタラムの市長として培ったリーダーシップと、都市の防衛を指揮した経験がある。彼はまた、設立間もない同盟軍艦隊にシティ＝シップ、プロファンディティを提供した。この大型艦は改造され、戦艦として用いられている。

惑星防衛の功績を称える
モン・カラ市当局の紋章

ラダスが戦うのを尻込みすることは決してない。ローグ・ワンと名乗るはぐれ者部隊がスカリフに潜入したことを知ると、ラダスはただちに支援に向かう。

称えられた英雄

反乱同盟には、ラダスの率直な言動と実利的なやり方を快く思わない人々もいた。しかしレイア・オーガナ将軍は、自らの命をもかえりみず反乱同盟に貢献した彼を称え、のちに旗艦のスター・クルーザーをラダスと命名する。

スタトゥラ提督

レジスタンスの将校

DATA FILE

所属：レジスタンス
出身惑星：ガレル
種族：人間
身長：1.72m
登場作品：VII
参照：アクバー提督、
　　　イーマット将軍、
　　　プリンセス・レイア

反乱同盟軍と銀河帝国の戦いがついに終わりを迎えたとき、10代のアショース・O・スタトゥラはすでに故郷を帝国の支配から解放する戦いを経験していた。レジスタンスに加わったスタトゥラは、レイア・オーガナ将軍に忠実に仕えている。

再利用された
反乱同盟軍の紋章

提督の階級章

レジスタンス運動の中核をなす軍事顧問を集めるにあたり、レイア・オーガナ将軍は、経験豊富な反乱軍のベテラン将校たちに目を向けた。彼らのなかでは若手のスタトゥラは、応用科学の分野で実績を積んでいるところを見込まれて引き抜かれた。

スタトゥラは、ディカーにあるレジスタンスの司令センターから、スターキラー上空で展開される戦いを見守る。

戦況分析

実務的かつ技術的な分野に関心のあるスタトゥラは、その能力をレジスタンスの兵站部門の管理に役立てている。スターキラーの想像を絶する破壊力を的確に推測し、その脅威を正しく見極めたのもスタトゥラだった。レジスタンスのスターファイターが首尾よくスターキラー基地を破壊できたのは、彼の分析力によるところが大きい。

アフタブ・アクバー

レジスタンスのY ウイング・パイロット

DATA FILE

所属：レジスタンス

出身惑星：モン・カラ

種族：モン・カラマリ

身長：1.8m

登場作品：IX

参照： アクバー提督、
ボーモント・キン、
ケイデル・コニックス、
ラーマ・ダーシー、
ローズ・ティコ、
スナップ・ウェクスリー

180度の視野がある目

アフタブ・アクバーは、ファースト・オーダーとの戦いで命を落とした父ギアル・アクバー提督の遺志を受け継ぎ、レジスタンスに加わった。レジスタンス軍で大佐となったアフタブは、レジスタンス艦隊とともにYウイングでエイジャン・クロスを飛び立ち、エクセゴルへと向かった。

生命維持ユニット

飛行ハーネス

父とは一度しか会ったことがないものの、アフタブは父の戦歴と勝利のすべてをひとつひとつ詳細に学んだ。レイアとレイが惑星モン・カラを訪れたときには、アフタブも同行し、レイアがモン・カラの人々と育んだ旧交を温める手助けをした。

アフタブはポー・ダメロン将軍の指揮のもと、果敢にエクセゴルの戦いに臨む。

新たな友

アフタブは、歴史家のボーモント・キンやXウイング・パイロットのスナップ・ウェクスリーなど、ほかのレジスタンスのメンバーとすぐに打ち解けた。レイア・オーガナ将軍が息を引き取ると、彼は新たな家族とともにその死を悼んだ。

ひれのある足に適したブーツ

13

エージェン・コーラー

ザブラクのジェダイ・マスター

DATA FILE

所属：ジェダイ

出身惑星：イリドニア

種族：ザブラク

身長：1.9m

登場作品：II、III

参照：キット・フィストー、メイス・
　　　ウィンドゥ、サシー・ティン

時間がたつと
再生する角

2個のクリスタルが
緑または青のエネルギー刃を
作りだす

両手でしっかり
握った構え

エージェン・コーラーは、仲間の
ジェダイのイース・コスと同じザ
ブラクだ。頭部に特徴的な角が
生えているこの種族は、"攻撃し
てから考える" ことで知られて
いる。コーラーはジェダイ評議
会の貴重なメンバーのひとりで
もある。

戦闘では脱ぐことの多い
フード付きローブ

ライトセーバー

の戦闘技術に長けている
エージェン・コーラーは、
ジオノーシスで分離主義
勢力軍と戦ったジェダイ・
ナイトのひとりだ。コー
ラーの戦闘術を高く買っ
ているメイス・ウィンドゥ
は、パルパティーン議長
の逮捕という命がけの作
戦に彼を加える。

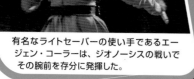

有名なライトセーバーの使い手であるエー
ジェン・コーラーは、ジオノーシスの戦いで
その腕前を存分に発揮した。

戦いに長けたシス

名高いライトセーバーの使い手エージェ
ン・コーラーでさえも、ダース・シディア
スのようなシス卿のスピードと驚くべき
パワーには、まったく歯が立たなかった。

アソーカ・タノ

ライトサイドの戦士

DATA FILE

所属：ジェダイ（脱退）／
反乱同盟

出身惑星：不明

種族：トグルータ

身長：1.76m

登場作品：M

参照：アナキン・スカイウォーカー、
ボ＝カターン・クライズ、
グローグー

かつてアナキン・スカイウォーカーのパダワンだったアソーカ・タノは、ジェダイ・オーダーを離れたあとも変わらずフォースのライトサイドの教えに従っている。優れた戦闘技術もさることながら、友に対する忠誠心も人一倍篤く、助けを必要とする人々には深い思いやりと勇気で応える。

浄化された
白いカイバー・クリスタルを
使ったライトセーバー

ベルトのバックルに刻まれた
精巧な模様

オーダー66を生き延びたアソーカはいったん身を隠すものの、ベイル・オーガナの要望に応え、帝国の暴虐に立ち向かう人々を捜す任務に加わる。彼女は"フルクラム"というコードネームを使い、反乱運動に多くの英雄を迎え入れた。

対決

アソーカは惑星コルヴァスの監督官モーガン・エルズベスと激しい戦いを繰り広げながら、エルズベスのマスター、スローン大提督の居所を問いただす。エルズベスは手強い相手だったが、ジェダイの訓練を積んだアソーカの敵ではなかった。

アソーカは、過去の体験を打ち明けたグローグーと心を通わせ合う。

アラズメクの入植者

ベイダーの城を守る者たち

DATA FILE

所属：アラズメク・オブ・
　　　ウィンジット
植民惑星：ムスタファー
種族：アラズメク
身長（平均）：1.76m
登場作品：IX
参照：ダース・ベイダー、
　　　カイロ・レン

オレンジ色の暗視レンズ

アラズメク・オブ・ウィンジットは、火山惑星ムスタファーに入植したシスのカルト信者グループである。ダース・ベイダーを崇め、廃墟となったベイダーの城と付近の沼地コルヴァックス・フェンを守るアラズメクは、カイロ・レン以外の者がその沼地を通過することを許さない。

耐候性ポンチョ

CX-55スキャッター
ブラスター

ムスタファーには、何世紀も続いた火山活動のあと気温が下がり、生物の生存の兆候が見られる地域が何か所か存在する。アラズメクはシスの力と繋がりを持とうと、そうした地域のひとつであるコルヴァックス・フェンにアイアンツリーを植え、世話をしている。

残虐な攻撃

最高指導者カイロ・レンは皇帝パルパティーンの所在をつかむため、ムスタファーに赴く。アラズメクの入植者を皆殺しにしたレンは、廃墟と化したダース・ベイダーの城跡でシス・ウェイファインダーと呼ばれる古代の遺物を発見し、それに導かれてパルパティーンのいる惑星エクセゴルへと向かう。

キャンバス地の
覆い

アラズメクの原始的な武器は、最高指導者カイロ・レンのライトセーバーには、まったく歯が立たなかった。

アルブレク

シスの錬金術師

シスの錬金術師である不愛想なアルブレクは、ファースト・オーダーの依頼で最高指導者カイロ・レンのヘルメットを修理する。彼は赤い金属を使って注意深くヘルメットの破片を繋ぎ合わせ、さらに頑丈になるよう全体を鍛え直した。

ゴーグルのおかげで
細かい修理ができる

錬金術用器具

シスの秘術に長けたアルブレクの手にかかれば、修復不可能に見えるものでも新品同様に生まれ変わる。アルブレクは恐るべきレン騎士団が作業を見守っていようと、手が震えることもなく正確に修理を行う。

ヘルメットを修復するとき、アルブレクはシス・フォージと呼ばれる古代の装置を用いた。

細かい職人技

アルブレクは、アニラス・ベルトの小惑星で採れる赤いサラッシアン鉄を使ってカイロ・レンのヘルメットを修復した。古代のシスの錬金術師たちは、サラッシアン鉄にフォースのダークサイド（暗黒面）と共鳴する特別な粒子が含まれていると信じているのだ。

油布のブーツ

プライド忠誠将軍

傲慢なファースト・オーダー軍司令官

DATA FILE

所属：帝国／ファースト・オーダー
　　　／ファイナル・オーダー

出身惑星：アルサカン

種族：人間

身長：1.88m

登場作品：IX

参照：ハックス将軍、カイロ・レン、
　　　パルパティーン

エンリク・プライドは、ファースト・オーダー軍で恐るべきスター・デストロイヤー艦隊の指揮を執る。非情で頭のきれるプライドは、自分がかつて仕えた帝国のように、銀河系全体を支配する独裁国家の復活を切望している。

ファースト・オーダーの腕章

帝国軍時代の軍服用ベルト

フォースを理解できるわけではないが、ダース・ベイダーがそれを操るのを間近で見てきたプライドは、フォースが持つパワーは十分承知している。カイロ・レンとパルパティーンは、プライドのダークサイドへの忠誠心に報い、彼を忠誠将軍に任命した。これによりプライドは地上軍と宇宙軍、双方の指揮を執る権限を手にする。

完璧にプレスされた上着

権力欲の塊

プライドは亡きブレンドル・ハックスとは良好な関係を保っていたが、息子のアーミテイジ・ハックスのことは忌み嫌っている。そんなプライドにとって、旗艦のステッドファストで上官としてハックスに命令するのは何よりの楽しみだ。ハックスがカイロ・レンとファースト・オーダーを裏切っていることを知ると、プライドはすぐさま彼を処刑する。

パルパティーンはファイナル・オーダーと名付けたシス艦隊を発進させるようプライドに指示する。

アナキン・スカイウォーカー

伝説のジェダイ・ナイト

DATA FILE

所属：ジェダイ／共和国

出身惑星：タトゥイーン

種族：人間

身長：1.88m

登場作品：I、II、III、VI

参照：オビ＝ワン・ケノービ、
パドメ・アミダラ、
クワイ＝ガン・ジン

義手（ドゥークー伯爵に
切り落とされた右手の
代わり）を覆う長手袋

アナキン少年の鋭い直観と驚異的な反射神経は、彼がジェダイとして大きな可能性を秘めていることを表している。

クローン大戦で戦ううちに、アナキンはジェダイが銀河の平和と調和を取り戻せるという信念を失う。また、母のむごたらしい死に激しい怒りをかき立てられ、心に深い傷が残った。大戦の終盤、パドメ・アミダラ（ひそかに結婚した妻）が、母のように悲劇的な死に見舞われるのではないかという恐れにさいなまれた彼は、その死を防ぐにはフォースのダークサイドによる力を使うしかない、というダーク・シディアスの説得に屈する。

ジェダイの
ユーティリティ・ベルト

アナキン・スカイウォーカーは驚異的な早さで強大な力を手にし、わずか数年のうちにタトゥイーンの奴隷から史上最強のジェダイと言われるようになった。しかし、大いなる力を持ちたいという渇望のゆえに、やがてフォースのダークサイド（暗黒面）に引きこまれ、銀河に悲劇をもたらす。

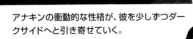

アナキンの衝動的な性格が、彼を少しずつダークサイドへと引き寄せていく。

親密な絆

強い絆で結ばれたアナキンと師オビ＝ワン・ケノービは、クローン大戦で無敵のチームとなる。アナキンはこの大戦ですばらしい指揮官であることを見事に証明するものの、怒りと不信に悩まされ続けた。

アプレク

レン騎士団の戦術家

DATA FILE

所属：レン騎士団
（ナイツ・オブ・レン）

出身惑星：不明

種族：不明

身長：1.74m

登場作品：VII、IX

参照：カード、クラク、カイロ・レン、
トラッジェン、アシャー、
ヴィクラル

騎士たちは全員、
黒に身を包んでいる

水をはじく油を
塗った布

ベスカー
合金の刃

待ち伏せ

チューバッカを捕らえてファースト・オーダーの戦艦へ連行しようと、アプレクたちは砂漠で待ち伏せる。アプレクの武器は、かつてマンダロアの処刑人が使っていたアックス（斧）だ。

カイロ・レンに仕える6人のレン騎士団の誰よりも戦術に長けているアプレクは、任務に必要とあらば嬉々として標的を──ときには仲間の騎士たちさえも──欺く。

アプレクのベルトには、スモーク・ディスペンサーが常備されている。騎士団のほかのメンバー同様、彼にはわずかながらフォースの能力があり、煙のなかを動く獲物を感知することができる。

カスタム仕様の
装甲すね当て

策略を巡らすのが得意なずる賢いアプレクは、レン騎士団のなかで自分がいちばん優れていると思っている。

アーマラー

謎に包まれたマンダロリアン

DATA FILE

所属：ネヴァロにある
　　　マンダロリアンの隠れ家
出身惑星：マンダロア
種族：不明
身長：1.7m
登場作品：M
参照：グローグー、
　　　マンダロリアン（マンドー）、
　　　パズ・ヴィズラ

ベスカー合金のヘルメット

アーマラーは、ディン・ジャリンの回収したベスカーが多くの若きマンダロリアンの役に立つと告げる。

ブロンジウム仕上げの
胸当て

保護グローブ

ネヴァロに住むアーマラーは、"マンダロアの道"に従う古いカルト教団、チルドレン・オブ・ザ・ウォッチのために武器や防具を鍛造している。賢明で、強い戦士でもある彼女はマンドーことディン・ジャリンに助言を与える。

アーマー職人

ベスカーと呼ばれる希少なマンダロリアン鋼を溶かして鍛造し、同胞"民族"の肉体を守る武器やアーマーを作るのも、アーマラーの持つ多くの能力のひとつだ。この技術に加え、アーマラーの指導・育成能力や豊かな知恵も尊ばれている。

ネヴァロの街の地下にある下水道で、アーマラーは同胞のマンダロリアンたちに助言を与え、武器や弾薬を補充するかたわら、同胞のひとりひとりが"印"を突きとめる手助けを黙々と続けている。"印"と呼ばれるこの紋章は、それを受けたマンダロリアンの真の使命を明確にするのだ。

耐火性ブーツ

アーティレリー・ストームトルーパー

重火器の専門ユニット

DATA FILE

所属：帝国／帝国残存勢力

出身惑星：さまざま

種族：人間

身長（平均）：1.83m

標準装備：モデル201モーター・
　　　　　ランチャー（迫撃砲）

登場作品：M

参照：モフ・ギデオン

特殊ユニット、アーティレリー・
ストームトルーパーに
所属していることを示す、
黄色いマーキング

サーマル・デトネイター

大型の火器

グローグーを捕らえ、マンドー
を抹殺すべく、モフ・ギデオンは
惑星タイソンにストームト
ルーパーの一団を送
りこむ。その戦いで、
アーティレリー・ス
トームトルーパーは
マンドーたちに砲弾
を浴びせる。

威力のある兵器が必要な状況になると、
帝国軍はアーティレリー・ストームトルーパー
を送りこむ。この特別ユニットに所属するス
トームトルーパーたちは、恐るべき正確さで
空中高く砲弾を発射する。

爆弾の専門知識を持つアーティレリー・ス
トームトルーパーは、シェル・トルーパー
とも呼ばれる。彼らは激しい戦闘のさな
かでも、冷静にすばやく判断を下すこ
とができる。

マー＝ソン弾薬社製の
折り畳み式モデル
201モーター・ランチャー

特殊仕様のバックパックには、キャニスター
型のサーマル・デトネイターが装備されて
いる。

AT-ATパイロット

帝国軍ウォーカーのパイロット

DATA FILE

所属：帝国
出身惑星：さまざま
種族：人間
身長（平均）：1.83m
標準装備：ブラスター・ピストル、
　　　　　サーマル・デトネーター、
　　　　　デトネーター
登場作品：V
参照：AT-STパイロット、
　　　ヴィアーズ将軍

敵を恐怖に陥れる兵器、AT-AT（全地形対応装甲トランスポート）ウォーカーのパイロットとして訓練を受けられるのは、戦闘パイロットのごく少数にすぎない。通常2人一組でAT-ATに搭乗する彼らは、自分たちは無敵だと自負している。

強化ヘルメット

生命維持バック

断熱ジャンプスーツ

AT-ATには温度調節機能がないため、ホスのような極寒の惑星では、パイロットは特殊断熱スーツを着用する。ウォーカーの与圧されたコクピットが破壊され、凍るような外気にさらされても、このスーツがパイロットを守るのだ。

操縦用長手袋

AT-ATウォーカーの頭部にあるコクピットでは、2名のパイロットが操縦と火器制御を行う。

歩く恐怖

巨大なAT-ATウォーカーは、戦場の起伏をものともせず、強力なレーザー砲で眼下の敵を次々に倒しながら、前進し続ける。

AT-STパイロット

帝国軍スカウト・ウォーカーの乗組員

DATA FILE

所属：帝国
出身惑星：さまざま
種族：人間
身長（平均）：1.83m
標準装備：ブラスター砲、
　　　　　サーマル・デトネーター
登場作品：V、VI
参照：AT-ATパイロット、
　　　チューバッカ

AT-STには、2基の強力な中型ブラスター砲が装備されている。

ジャンプスーツ

二足歩行のAT-ST（全地形対応偵察トランスポート）ウォーカーは、戦場に乗りこみ、敵の兵士にブラスター・ビームを浴びせる。どのウォーカーにも、厳しい訓練で平衡感覚と機敏性を磨いた優秀なパイロットが2名搭乗する。

AT-STのパイロットは顔面プレートのないヘルメットとブラスト・ゴーグルを着け、ジャンプスーツの下には簡易アーマーを着用している。エンドアの戦いでは、森の月に降りた反乱軍部隊を掃討するためAT-STウォーカーが投入されたが、その多くはイウォークの奇襲により破壊された。

耐火長手袋

起伏のある地形でも、2名のパイロットがAT-STをすみやかに前進させる。

追跡任務

AT-STウォーカーは主に偵察と対人追跡任務に用いられる。しかし、チューバッカが屋根からAT-ST内に強引に侵入して実証してみせたように、どんな攻撃にも耐えられるわけではない。

オーラ・シング

危険な賞金稼ぎ

DATA FILE

所属：賞金稼ぎ
出身惑星：ナー・シャッダー
種族：パリドゥヴァン
身長：1.83m
登場作品：Ⅰ
参照：ボバ・フェット、ボスク、
　　　パドメ・アミダラ

非情な賞金稼ぎであるオーラ・シングは、もう長いこと裏社会で仕事を請け負っているが、まったく歳をとらないように見える。ジャンゴ・フェット、キャド・ベインなどと組んで仕事をすることもあれば、クローン大戦中にはズィロ・ザ・ハットに雇われてパドメ・アミダラ議員を狙ったこともある。シングは密輸業者トバイアス・ベケットに殺されたと言われている。

汚染された都市惑星、ナー・シャッダーで生まれたオーラ・シングは、父親を知らず、母親も貧しすぎて彼女を育てることができなかった。冷血な殺し屋となったシングは、狙った獲物の居場所を突きとめるための手段は選ばない。センサーを体に埋めこみ、ライトセーバーと狙撃用実体弾ライフルを含め多種多様な武器を有している。

短射程のピストル

敵を傷つけるのに
都合のよい長い指

長射程の
実体弾ライフル

クローン大戦中、オーラ・シングは孤児になったばかりのボバ・フェットに賞金稼ぎの仕事を教える。

獲物を捜せ

獲物を追跡してタトゥイーンにやってきたオーラ・シングは、アナキン・スカイウォーカー少年が優勝し、自由を獲得するポッドレースを偶然、観戦していた。

アックス・ウォーヴス

強い愛国心を持つマンダロリアン

DATA FILE

所属：マンダロリアン
出身惑星：マンダロア
種族：人間
身長：1.8m
登場作品：M
参照：ボ＝カターン・クライズ、
　　　コスカ・リーヴス

故郷の惑星マンダロア奪還に向け、ボ＝カターン・クライズやコスカ・リーヴスらと必要な物資を集めているアックス・ウォーヴスは、ボ＝カターンがダークセーバーのありかを突きとめるのに手を貸す。ウォーヴスは、惑星マンダロアとその民に忠誠を誓っている。

マンダロリアンの胸プレート

ガントレットの下には
ブラスターが
隠されている

データ・スパイクを入れた腕甲

内側に物を隠せる
銀のバックル

ウォーヴスは青とグレーのマンダロリアン・アーマーをまとった恐るべき戦士だ。素手の格闘も得意だが、複数の武器を使う戦闘にも長けている。ウォーヴスはストームトルーパーの射撃の腕をばかにするが、決して敵を見くびっているわけではない。

チームワーク

ウォーヴスは故郷マンダロアが帝国侵略前の状態に戻ることを願っている。彼のチームはディン・ジャリンとともに帝国軍輸送船を捕獲し、共通の敵を倒す計画を立てる。

アックス・ウォーヴスは帝国軍クルーザーに侵入するため、データ・スパイクを使って扉を開ける。

バブ・フリック

盗賊地区のドロイドスミス

DATA FILE

所属：キジーミの
　　　スパイス・ランナーズ

出身惑星：キジーミ

種族：アンゼラン

身長：22cm

登場作品：IX

参照：C-3PO、ポー・ダメロン、
　　　ゾーリ・ブリス

腕のいいドロイドスミス（ドロイド修理屋）であるバブ・フリックは、ほぼすべてのドロイドの再プログラムや改造ができる。フリックはゾーリ・ブリスが率いるキジーミのスパイス・ランナーズのメンバーだが、きわめて小柄なおかげでファースト・オーダーの兵士たちの目を逃れている。

溶接用マスク

顕微鏡のように
詳細まで見える目

バブ・フリックとゾーリ・ブリスは、ポー・ダメロン率いるレジスタンス艦隊に加わり、シス・エターナル艦隊と戦う。

引き受ける仕事が合法か否かはともかく、バブ・フリックはその出来上がりに誇りを持っている。ベーシックと呼ばれる銀河共通言語も少しは話せるが、ボスのゾーリ・ブリスとアンゼラン語で話すとき以外はほとんど喋らない。

首を保護する革製フード

メモリー・ワイプ

シスの銘刻をレイのために翻訳するにはC-3POに組みこまれた規制プロトコルを迂回し、メモリー全体を消去するしかない。この仕事を引き受けたバブ・フリックは、いつものように不安を取りのぞこうとドロイドにやさしく話しかけながら作業を行う。

過熱トーチ

ベイル・オーガナ

オルデランの総督

DATA FILE

所属：共和国／反乱同盟
出身惑星：オルデラン
種族：人間
身長：1.91m
登場作品：II、III、RO
参照：モン・モスマ、
　　　プリンセス・レイア

オルデラン製マント

ベイルと妻のブレハは、パドメ亡きあと、レイアを養女にする。

オルデランを代表する元老院議員ベイル・オーガナは、銀河共和国がパルパティーンのもとに独裁政府となるのを目撃し、戦慄する。彼はモン・モスマとともに、パルパティーン皇帝に反旗を翻す反乱同盟を設立した立て役者のひとりだ。

射撃ブラスター

ベイル・オーガナは共和国とジェダイ・オーダーに最後まで忠実であり続けた。ベイルは帝国のデス・スターがもたらす脅威に対し、いち早く行動を起こした。オビ＝ワン・ケノービの居所を突きとめ、反乱同盟へ加わってもらうため養女のレイアを送ったのである。

オルデラン製ベルト

戦闘ブーツ

オーダー66の発令後、ベイルは生き残ったジェダイにできるかぎり力を貸す。

有力な知人

デス・スターの脅威を知ったモン・モスマは、ベイルに助けを求める。ベイルの古い友人が、帝国の厳しい探索の目を逃れて隠遁生活を送っているのだ。ベイルの養女プリンセス・レイアなら、そのジェダイの居所を突きとめられるかもしれない。

バラ＝ティク

グアヴィアンのフロントマン

DATA FILE

所属：グアヴィアン・デス・ギャング

出身惑星：不明

種族：人間

身長：1.8m

登場作品：VII

参照：グアヴィアン・セキュリティ・
　　　ソルジャー、ハン・ソロ、
　　　カンジクラブ・ギャング、
　　　タス・リーチ

支払いが遅れるたびに、ハン・ソロが口にする言い訳を聞いてきたグアヴィアン・デス・ギャング、バラ＝ティクの忍耐はついに尽きた。バラ＝ティクは、セキュリティ・ソルジャーの一団を引きつれ、ギャング団が貸した金を回収しようと、ソロの宇宙船に乗りこむ。

裏地に装甲布を使ったコート

ゴラスラッグ革のコート

パーカッシブ・キャノン

バラ＝ティクとセキュリティ・ソルジャーは、試作品のパーカッシブ・キャノンのような闇市で手に入れた武器を使う。

組織の命令を執行するグアヴィアンのセキュリティ・ソルジャーは、顔の見えない、声も出さないサイボーグだ。そのため緊迫した対決の場では、バラ＝ティクが交渉を受け持つ。賭け話に詳しいソロには利用価値があると考え、バラ＝ティクはこれまでこのコレリア人を何度も見逃してきたが、もう言い訳は通用しない。

ソロを捕まえろ

組織の幹部に「ソロを見せしめにしろ」と命じられたバラ＝ティクは、同じくハン・ソロに何万クレジットも貸しがある商売敵のカンジクラブと思いきって手を結ぶ。ソロの宇宙船に颯爽（さっそう）と乗りこんだバラ＝ティクは、ファースト・オーダーが捜索中のドロイドを見つけ、大きな儲けにつながる絶好のチャンスに飛びつく。

バリス・オフィー

ミリアランのパダワンにして裏切り者

DATA FILE

所属：ジェダイ
出身惑星：ミリアル
種族：ミリアラン
身長：1.66m
登場作品：II
参照：アソーカ・タノ、ルミナーラ・アンドゥリ、シャアク・ティ

ミリアランのタトゥー

バリス・オフィーは思慮深く、大胆で、生真面目なジェダイ・パダワンだった。ジェダイ・マスター、ルミナーラ・アンドゥリのもとでジェダイの規範を守り、師に忠実に仕えてきたが、クローン大戦でさまざまな試練をくぐり抜けるうちに、考えを変える。

両手で握り、正確に制御する

クローン大戦でジェダイが果たしている役割をジェダイ・オーダーの理想に対する裏切りだと考えるようになったバリス・オフィーは、性急かつ暴力的な方法で、仲間のジェダイを攻撃する。ジェダイ・テンプルで爆破事件を起こし、パダワン仲間のアソーカ・タノにその罪を着せようと謀るが、やがて真相をあばかれ、投獄される。

秘密の小物入れ付きベルト

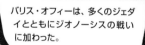

バリス・オフィーは、多くのジェダイとともにジオノーシスの戦いに加わった。

フード付きローブ

強力なチーム

バリス・オフィーはフォースを使って互いの動きを完全に同調させながら、パートナーであるアンドゥリと連携して戦うのが得意だ。チームとして戦うときのオフィーとアンドゥリは、単に2人の力を合わせた以上の強さを発揮する。

バトル・ドロイド

機械のドロイド兵士

DATA FILE

所属：分離主義勢力

型：B1バトル・ドロイド

製造企業：バクトイド・アーマー・
　　　　　ワークショップ

体高：1.91m

登場作品：I、II、III

参照：スーパー・バトル・ドロイド

シンプルな
ボコーダー

バトル・ドロイドは、トレード・フェデレーションが平和を好む惑星ナブーに侵攻したときに初めて用いられた。

E-5ブラスター・
ライフル

アームを伸長させる
ピストン

バトル・ドロイドは、個々の能力よりも数に頼って戦いに勝つ。大量生産されるバトル・ドロイドの初期モデルには独立した思考能力がないため、任務に関する指令はすべてトレード・フェデレーションの司令船に搭載されたコンピューターから送られる。

折り曲げられる
膝関節

ヒューマ
ノイドの
骨に似た脚

分離主義勢力軍の歩兵であるバトル・ドロイドは、これを開発したジオノージアンの姿を真似てデザインされている。B1ドロイドの後期モデルは、独立した思考能力を有し、感情を表すこともできる。

分離主義勢力の大艦隊ではパイロット・ドロイドが操縦を受け持つ。

STAP

バトル・ドロイドの偵察兵と狙撃兵は、火器を搭載したシングル・トルーパー・エアリアル・プラットホーム（単座浮揚銃座、もしくはSTAP）で空中を移動する。リパルサーリフトを備えたSTAPは、大型ビークルが入れない深い森のなかでも自在に移動できる。

ベイズ・マルバス

過激な反乱分子

百戦錬磨の戦士ベイズは、ジェダの危険な暗黒街で反乱分子として活動している。以前は政治にまったく興味がなかったが、故郷のジェダが帝国に蹂躙（じゅうりん）されると一転、復讐心に突き動かされ、ベイズはローグ・ワンの任務に加わった。

DATA FILE

所属：（元）ウィルズの守護者

出身惑星：ジェダ

種族：人間

身長：1.8m

登場作品：RO

参照：ボーディー・ルック、
キャシアン・アンドー、
チアルート・イムウェ、
ジン・アーソ、K-2SO

冷却タンク

ブラストイド重合体でできたアーマー

MWC-35c
"スタッカート・ライトニング"
連射砲

耐候性の外套（がいとう）

ベイズとチアルート・イムウェは異なる見解を持っているものの、仲が良い。

膝をつくための装甲パッド

ベイズはかつてウィルズの守護者としてジェダの神聖な寺院を守っていたが、その信仰を捨てた。いま彼が信じているのは、近代的な重火器だけだ。伝統的なライトボウとロケット・ランチャーのどちらを選ぶかと尋ねられたら、確実にロケット・ランチャーを選ぶ。

火力

ジン・アーソとキャシアン・アンドーがデス・スターの設計図ファイルをスカリフのシタデル・タワーから盗みだす時間を稼ぐため、ベイズは違法な改造を施した連射砲で陽動作戦を試み、帝国軍ストームトルーパーとショアトルーパーこと沿岸防衛ストームトルーパーの注意を引きつける。

バジーン・ネタル

潜入スパイ

マズ・カナタの城の暗がりをひそやかに動きまわるバジーン・ネタルは、美しく危険な女スパイだ。謀報活動に長けたバジーンはその魅力的な外見で相手を油断させ、愚かな男や口の堅い相手からたくみに極秘情報を引きだす。

光を吸収する特注の服

バッフルウィーヴでできた模様

バジーンは、マズ・カナタの城の常連である猛獣ハンターのグラムガーとともに座り、見晴らしのよいその場所から、城内の出来事を細大もらさず観察している。

バジーンは、チャークティル最大の都市、チャーコ・シティの危険に満ちた路上で暮らす生活で、基本的な自己防衛の技を身につけた。バジーンにとって父親にもっとも近い存在である、元海賊にしてカンジクラブのメンバー、デルフィ・クロダに鍛えられたおかげで、素手の戦闘では誰にもひけをとらない。

姿を隠して

バジーンは機械よりも自分の能力に頼ることが多いものの、手持ちのツールには精巧なテクノロジーも含まれている。凝った模様の服に織りこまれたバッフルウィーヴがセンサーを攪乱するため、スキャナーに感知されずに謀報活動を行うことができるのだ。

BB-8

ポー・ダメロンのアストロメク・ドロイド

DATA FILE

所属：レジスタンス
型：アストロメク・ドロイド
製造企業：インダストリアル・
　　　　　オートマトン
体高：0.67m
登場作品：VII、VIII、IX
参照：フィン、ポー・ダメロン、
　　　R2-D2、レイ

高周波受信アンテナ

ポー・ダメロンと行動することの多いBB-8は、きわめて忠実なアストロメク・ドロイドで、任務とあれば危険の真っただ中へと勇敢に転がっていく。レジスタンスをルーク・スカイウォーカーのもとへと導く情報を運んでいるときは、ファースト・オーダーの執拗な捜索の的となった。

アストロメク・ドロイドBB-8の小さな球形の体は、X ウイング・スターファイターのドロイド・ソケットに収まるように設計されている。BB-8はそのソケットから主要な機器の操作を行い、機体の損傷を修理し、取るべき航路を算出してパイロットを補佐するのだ。

プライマリー・フォトレセプター

交換できるツール＝ベイ・ディスク

BB-8は"ビーッ、ブーッ"という信号音で話し、ホログラムを投影することができる。

ボール型のドロイド

複雑なドライブ・システムとワイヤレスの遠隔測定装置を有するBB-8は、頭を起こしたまま体を転がし、進むことができる。体を安定させたい場合は、圧縮ランチャーからケーブルを発射して体を固定する。このケーブルを用いれば、移動するのが難しい場所へと体を動かすことも可能だ。

ボーモント・キン

レジスタンス情報部の大尉

DATA FILE

所属：レジスタンス
出身惑星：ラークト
種族：人間
身長：1.7m
登場作品：IX
参照：チューバッカ、
　　　ケイデル・コニックス、
　　　ラーマ・ダーシー、
　　　ローズ・ティコ

ボーモント・キンはレジスタンス情報部の将校だが、彼が情熱を傾けているのはジェダイとシスの歴史を学ぶことだ。ファースト・オーダーと戦うレイをはじめとするレジスタンスのメンバーにとっては、キンが歴史の研究で培ってきた言語能力とオカルトの知識が大いに役立つ。

ホズニアン星系が破壊されたあと、キンは教授になる道をあきらめてレジスタンスに加わった。皇帝パルパティーンが復活したと聞いた彼は直感的に、この復活にはクローン技術か秘術が関わっているとにらむ。

虫よけ効果のある生地

階級章

グリー44
ブラスター・ピストル

ボーモント・キン、ローズ・ティコ、ケイデル・コニックスは、ファースト・オーダーのスター・デストロイヤー、ステッドファストでシス・トルーパーと戦う。

翻訳の専門家

キンは、4つの古代言語を含む9言語に精通している。チューバッカがキャッシークからウーキーを解放する際にはシリウーク語の通訳を務め、ジェダイの古代書物や、オク＝トーで見つけたルーク・スカイウォーカーの覚書を解読しようと悪戦苦闘するレイに手を貸す。

ポケットには重要なメモが入っていることが多い

BEN SOLO

ベン・ソロ

レイのフォース・ダイアド（フォースにおける一対）

DATA FILE

所属：ジェダイ、
　　　フォース・ダイアド
出身惑星：シャンドリラ
種族：人間
身長：1.89m
登場作品：VII、VIII、IX
参照：ハン・ソロ、
　　　プリンセス・レイア、
　　　パルパティーン、
　　　最高指導者スノーク、レイ

乱れた髪

ハン・ソロとレイア・オーガナの息子ベン・ソロは、幼い頃からフォースのライトサイドとダークサイドのはざまで揺れ動いてきた。カイロ・レンとしてダークサイドを受け入れてから何年もあと、ベンはエクセゴルでレイを助けるためライトサイドに戻る。

ぼろぼろになった服

パルパティーンは、自分が作りだした邪悪の化身スノークを使って幼いベン・ソロをダークサイドに引き入れた。ベンのおじでジェダイ・マスターであるルーク・スカイウォーカーは、スノークがベンをひそかにダークサイドに誘惑していることに、手遅れになるまで気づかなかった。

フォース・ダイアド

ベンとレイは、力を合わせることですさまじいパワーを発揮するフォース・ダイアドという特別な絆を持っている。ベンは生命力のすべてをレイに注ぎこんで彼女の命を救い──自分はこの世を去る。

甥のなかに闇を感じとったルークがベンの寝床にやってきた夜、ふと目を覚ましたベンには、おじが襲いかかる寸前のように見えた。

スカイウォーカー家の
ライトセーバー

BERU LARS
ベルー・ラーズ

ルーク・スカイウォーカーの保護者

DATA FILE

所属：なし

出身惑星：タトゥイーン

種族：人間

身長：1.65m

登場作品：II、III、IV

参照：ルーク・スカイウォーカー、
　　　オーウェン・ラーズ

シンプルな
ヘア
スタイル

ベルー・ラーズの生家は、3世代前から水分抽出農場を営んできた。クローン大戦終結時、オビ＝ワン・ケノービが農場を訪れ、ベルーと夫のオーウェンにアナキン・スカイウォーカーの息子ルークの養育を依頼する。ケノービはふたりに、自分は近くの荒れ地で陰ながらルークの成長を見守ると告げる。

砂漠用チュニック

ベルーは母親の行方を追ってラーズ農場を訪れたアナキン・スカイウォーカーと、初めて顔を合わせる。

アンカーヘッドで作られた
ざっくりした服

ベルー・ラーズは、働き者で自立した女性だ。彼女はタトゥイーンの砂漠に潜む危険に対処する心構えも用意もできている。しかし、盗まれたデス・スターの設計図を回収するため、2体の反乱同盟軍ドロイドの跡を追ってきた帝国軍ストームトルーパーには、とうてい立ち向かうことができなかった。

保護者

タトゥイーンを離れて帝国アカデミーに加わりたいと願う若いルークの気持ちも、ベルーにはよく理解できた。だが、ルークの父親に関する真実を知っているベルーは、ルークには父アナキンと同じ道をたどらせまいとするオーウェンの気持ちを尊重する。

砂漠用ブーツ

BIB FORTUNA
ビブ・フォーチュナ

犯罪組織の親玉

DATA FILE

所属：犯罪組織
出身惑星：ライロス
種族：トワイレック
身長：2m
登場作品：I、VI、M
参照：ジャバ・ザ・ハット

腹黒いビブ・フォーチュナは、ジャバ・ザ・ハットの砂漠にある宮殿と、モス・アイズリーにある屋敷で日常業務を執り行っている。ジャバの執事になる以前は、同胞であるトワイレックを奴隷として売買し、資産を蓄えた。

レック（ヘッド＝テール、2本のうちの1本）

フォーチュナはジャバの耳もと近くに控え、助言をささやく。だが、その陰ではひそかにジャバを殺そうと企んでいるのだ！

銀のブレスレット

不意打ち
ジャバ・ザ・ハットの犯罪組織の新たな支配者となったビブ・フォーチュナは、ほとんど動かず、不健康で自堕落な生活を送っている。そんなフォーチュナのもとに、死んだと思っていたボバ・フェットが突然姿を現し、彼を驚かせる。

伝統的な
ライロスのローブ

大きな権限を持つビブ・フォーチュナは、ジャバの側近に恐れられている。彼はジャバの犯罪組織で自分がふるっている力を維持するためなら、敵ばかりでなく味方に対しても汚い手段を平気で使う男だ。

ビスタン

U ウイングの砲手

DATA FILE

所属：反乱同盟
出身惑星：イアカー
種族：イアカル
身長：1.73m
登場作品：RO
参照：パオ

オレンジ色の目

飛行スーツ密封リング

反乱同盟軍特殊部隊の伍長であるビスタンは、ブルー中隊とともにスカリフの戦いに参加し、U ウイング・ファイターのハッチに搭載されたイオン・ブラスターの砲手を務めた。敵にすると恐ろしいが、中隊仲間にとっては気さくで陽気な男だ。

イアカー種族は樹上生活に適するよう進化した。その素晴らしいバランス能力により、ビスタンが猛スピードで飛ぶ U ウイングのハッチから転がり落ちることはない。ジャングルの木々を飛び移って育ったビスタンは、並はずれた視力と遠近感ばかりか、鋭い反射神経にも恵まれている。

イアカーでは岩や槍を使って戦ったが、反乱同盟軍では近代的な武器を嬉々として使いこなす。

復讐のために

ビスタンは帝国に占領された故郷の惑星イアカーから逃げだした。いたるところに薬用植物が生えているイアカーの瑞々しい熱帯雨林はいまや、医薬品企業が荒らし放題。ビスタンにとって、故郷の惑星のために一矢報いる最善の方法は、反乱同盟軍とともに戦うことだ。

ボ=カターン・クライズ

マンダロリアンの後継者にして戦士

DATA FILE

所属：マンダロリアン

出身惑星：マンダロア

種族：人間

身長：1.8m

登場作品：M

参照：アックス・ウォーヴス、
　　　コスカ・リーヴス、
　　　マンダロリアン（マンドー）

ナイト・アウルのヘルメット

モフ・ギデオンは、マンドーがダークセーバーを手にしたことでボ=カターンの計画が狂ったのを見て満足そうな笑みをこぼす。

ボ=カターン・クライズは正当な摂政としてマンダロアを治めていたが、帝国の介入により、失脚する。伝説のダークセーバーを取り戻してマンダロアの統治者に返り咲くため、ボ=カターンはモフ・ギデオンの行方を追う。

役立つ道具が入った
ベルト・ポーチ

ウェスター35
ブラスター・ピストル

旅に適したブーツ

クローン大戦のさなか、ボ=カターンはマンダロアを統治している平和主義者の姉、サティーン・クライズ女公爵と対立する。サティーンがもとシス卿のモールに暗殺されると、ボ=カターンはその怒りを帝国にぶつけ、同胞のために新たな未来を確保する。

戦士としてのジレンマ

ボ=カターンは、ダークセーバーを取り戻したいと願い、モフ・ギデオンのもとからグローグーを救出するディン・ジャリンの任務に加わる。激しい戦いのあと、ディン・ジャリンはモフ・ギデオンからダークセーバーを奪い、ボ=カターンに差しだす。しかし、ボ=カターンは自分が戦いで勝ちとったのではないと、受けとるのを拒んだ。

ボバ・フェット

銀河一の賞金稼ぎ

DATA FILE

所属：賞金稼ぎ

出身惑星：カミーノ

種族：人間（クローン）

身長：1.83m

登場作品：II、IV、V、VI、M

参照：ダース・ベイダー、ハン・ソロ、
ジャバ・ザ・ハット、
ジャンゴ・フェット、
マンダロリアン（マンドー）

常に冷静で抜け目のないボバ・フェットは銀河でもっとも危険な殺し屋のひとり、伝説的な賞金稼ぎである。自身が定めた行動規範に従い、やがてそれに適わぬ仕事は決して引き受けないようになった。ボバ・フェットと出くわし、生き延びられる敵はめったにいない。

多機能
ヘルメット

強化飛行スーツ

ボバ・フェットは生来の能力と技術に加え、身に着けた数々の仕掛けを駆使して、多くの獲得"不可能"な懸賞金をものにしてきた。彼は自分が追跡する獲物を完全に"破壊"することで、銀河に悪名をとどろかせている。

ホスの戦いのあと、ボバ・フェットはベイダーに雇われ、ミレニアム・ファルコンを捜索する任務に取りかかった。手がかりを突きとめたボバは、ガス巨星ベスピンの高層大気に浮かぶクラウド・シティへと向かう。

EE-3ブラスター・
ライフル

捜索

ボバ・フェットは何年も、行方不明だった自分のアーマーを探してきた。もともと父のジャンゴ・フェットのものだったそのアーマーは、タトゥイーンのサルラックの胃のなかにあると思われていた。それをスピーダーにくくり付けて荒れ地を横切るマンダロリアン（ディン・ジャリン）を見たボバは、父の遺産を取り戻そうと決意する。

ベイダーの依頼でハン・ソロを捕らえるのにひと役買ったあと、ボバはカーボン凍結されたハン・ソロを自分の宇宙船に運びこむ。

ボバージョ

家畜商人にして語り部

DATA FILE

所属：なし
出身惑星：ジャクー
種族：ニュー＝コジアン
身長：1.14m
登場作品：VII
参照：レイ、ティードー、
　　　アンカー・プラット

ボバージョは売り物の珍しい動物が入ったかごを背負い、せっせとあちこちの市場や交易所に運ぶ。多くの人に"家畜商人"と呼ばれる彼は、突拍子もない物語を長々と紡ぐ癖があるところから、語り部とも呼ばれている。

スニープ

頭を包む布

柔軟性のある
長い首

歩くたびに関節がきしむこのニュー＝コジアンの穏やかでやさしい性格は、かごのなかに入れて運ぶ動物たちを落ち着かせる効果がある。また、この性格は彼の語りに魔法のような魅力を加えるため、ボバージョの物語を聞きたがる者は大勢いる。

老齢の旅人

ボバージョはもう何十年もジャクーとその近隣惑星を拠点にしている。常に珍しい商品を手に入れようと心がけている彼は、崩れかけたカーボン・リッジの崖も含め、危険な地形にも勇敢に足を運ぶ。まるで自分自身が刻む独特のリズムに従うかのように、ボバージョは周囲のさまざまな危険も意に介さず、ひたすら歩き続ける。

BODHI ROOK
ボーディー・ルック

帝国の脱走兵

DATA FILE

所属：帝国／反乱同盟
　　　／ローグ・ワン

出身衛星：ジェダ

種族：人間

身長：1.75m

登場作品：RO

参照：ゲイレン・アーソ、
　　　ジン・アーソ、ソウ・ゲレラ

飛行用
ゴーグル

湿度の高い
イードゥーに適した
耐候性ポンチョ

帝国軍の飛行スーツ

銀河帝国のために物資を運ぶ、ごくふつうのパイロットだったボーディー・ルックのもとに、ある日、銀河の運命を変えかねないメッセージが届く。それがきっかけでボーディーは帝国軍を脱走し、お尋ね者となり──やがて反乱軍の英雄となる。

ジェダからイードゥーの帝国軍研究所にカイバー・クリスタルを運んでいるとき以外は、もっぱらオデュプレンドと呼ばれる鳥のレースで賭けを楽しんでいる。疾走する鳥を見て操縦能力を磨いたボーディーは、猛スピードで巧みに宇宙船を飛ばすことができる。

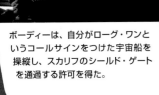

ボーディーは、自分がローグ・ワンというコールサインをつけた宇宙船を操縦し、スカリフのシールド・ゲートを通過する許可を得た。

勇敢なメッセンジャー

ゲイレン・アーソのメッセージを反乱者のもとに届けるのは、決して簡単ではなかった。殺されずにソウ・ゲレラを見つけだすだけでも大変なのに、ましてや彼に自分の訴えが真実だと信じてもらうのは、ほぼ不可能に近い。長年のあいだに非常に疑い深くなっているゲレラは、ボー・ガレットという名の恐ろしいメイランの手を借りて彼を尋問し、牢に閉じこめた。この尋問に耐えたボーディーは、思っていたより自分が勇敢であることに気づく。

ブーリオ

レジスタンスのスパイ

DATA FILE

所属：レジスタンス
出身惑星：シンタIV
種族：オヴィッシアン
身長：1.78m
登場作品：IX
参照：フィン、カイロ・レン

オヴィッシアンには4本角がある

シンタ・グレイシャー・コロニーで採鉱を監督しているブーリオは、ファースト・オーダーにスパイがいることを示すデータをレジスタンスに提供した。

位置情報
データ・レコーダー

スーツを温める
フィラメント・ワイヤー

レジスタンスに協力したブーリオはファースト・オーダーに逮捕され、最高指導者カイロ・レンのもとに連行される。

ブーリオはユーモアのセンスと前向きな考え方を活かし、自分たちが"わが家"と呼ぶ凍てつく氷の塊、シンタ・グレイシャー・コロニーで作業員の志気を保っている。ファースト・オーダーに捕まる危険は常について回るものの、彼はできるかぎり頻繁に物資や情報をレジスタンスに流している。

リスクの高い通信

オーガナ将軍を尊敬し、ファースト・オーダーに対する彼女の反乱活動を支援するブーリオは、レジスタンスから情報に見合う報酬を受け取ろうとはしない。近年、シンタ・グレイシャー・コロニーでは敵の巡回が増えているものの、彼はすべての情報を直接伝えなければならないと主張する。

ボス・ナス

グンガンの総大将

DATA FILE

所属：グンガン評議会／
　　　グンガン軍

出身惑星：ナブー

種族：グンガン

身長：2.06m

登場作品：I、III

参照：ジャー・ジャー・ビンクス、
　　　パドメ・アミダラ

統治者である
ことを示す冠

軍の階級を
示す肩章

4本指の手

グンガン評議会は、偉大なグンガン軍を召集
する権限を持っている。

公平だが頑固なボス・ナ
スは、グンガン評議会の
議長を務めている。ナ
ブーの人々は、伝統的な
工芸やテクノロジーを好ん
で使うという理由で、グン
ガンを野蛮だとみなしてい
るが、彼はそのことにとくに
反発を感じている。

金の留め金付き
ロングコート

昔かたぎのボス・ナスは、惑
星ナブーにあるグンガン最大の水
中都市オータ・グンガの厳格な統
治者である。彼は銀河ベーシック
（銀河でもっとも広く使われてい
る言語）を話すことができるもの
の、かなり訛りがきつい。

ナブーが封鎖されていたあいだの働きを考
慮し、ボス・ナスはジャー・ジャー・ビンクスに
課したオータ・グンガ追放の刑を取り消す。

チームワーク

祖国が侵略の危機に直面すると、ボス・ナスはナブーの人々に
対するそれまでの偏見を捨てる。謙虚に助けを求めるパドメ・
アミダラ女王の説得に耳を傾けるうちに、ナブーの人々と力
を合わせて戦わなければ、自分たちグンガンも滅びることに
気づいたのだ。こうしてふたつの文化のあいだには、新しい
友情が築かれる。

BOSSK
ボスク

トランドーシャンの賞金稼ぎ

DATA FILE

所属：賞金稼ぎ
出身惑星：トランドーシャ
種族：トランドーシャン
身長：1.9m
登場作品：V、VI
参照：オーラ・シング、
　　　ボバ・フェット、
　　　ダース・ベイダー

赤外域で
見える目

爬虫類種族トランドーシャンの賞金稼ぎであるボスクは、驚くほど強健なうえにどんな困難にも適応できる。ハウンド・トゥース（猟犬の牙）という名の宇宙船に乗り、満足のいく額でしか依頼を引き受けず、驚くほどの成功率で狙った獲物を捕らえる。

グレネード・ランチャーの
スリング

フラック・
ベスト

レルビーv-10
マイクロ・グレネード・
ランチャー

ボスクは、逃げたウーキーを追跡して捕まえるという、ほとんどの種族が回避する危険な仕事からこの道に入った。やがて彼はほかの種族も狩るようになる。クローン大戦中、彼はオーラ・シングやボバ・フェット少年、キャスタスというクラトゥイニアンの賞金稼ぎと組んで仕事をした。

成人に達するまでは、
ちぎれた指やむけた皮膚、
手足でさえ再生する

さまざまな賞金稼ぎが次の仕事を求めて
ジャバ・ザ・ハットの宮殿をよく訪れる。
ボスクもそのひとりだ。

タフなトランドーシャン

状況が許すかぎり捕らえた獲物の皮をはぐのが好きなボスクは、人一倍卑劣で意地が悪い。彼はミレニアム・ファルコンを追跡し、拿捕するためにダース・ベイダーが雇った6人の賞金稼ぎのひとりだ。

ブーシ

変装したプリンセス・レイア

DATA FILE

所属：賞金稼ぎ
出身惑星：ユバIV
種族：ユビーズ
身長：1.5m
登場作品：VI
参照：チューバッカ、
　　　ジャバ・ザ・ハット、
　　　プリンセス・レイア

音声スクランブラー

ブーシに変装したレイアは、夜が更けるのを待って、カーボン冷凍されたハン・ソロを助けようとする。

ブーシは、カーボン凍結されたハン・ソロを救出する手立てを求めてオード・マンテルにやってきたレイアと争う。マズ・カナタの助けを得てブーシを倒したレイアは、ジャバ・ザ・ハットを欺くため、彼のアーマーとヘルメットを身に着けてブーシになりすます。

弾薬ポーチ

手袋のスパイク

爆弾の起爆装置

銀河には、賞金稼ぎとして働く（あるいはそのふりをする）奇妙な連中が大勢いる。プリンセス・レイアはユビーズの賞金稼ぎ、ブーシにうまく変装し、まんまとジャバの宮殿に入りこむ。だが、ジャバだけは偽物だと疑いを持った。

シャタ革のズボン

ブーシの賞金

ジャバの宮殿で、ブーシ（レイア）はチューバッカを捕まえたふりをしてジャバの前に引き立て、高額の賞金を要求する。ジャバがクレジットの支払いを拒否すると、ブーシはサーマル・デトネーターを取りだす。

ハン・ソロを解凍したブーシがマスクをとると、レイアの顔が現れた。ジャバの疑いは正しかったのだ。

伝統的なユビーズのブーツ

バーグ

デヴァロニアンの傭兵

DATA FILE

所属：ランザー・マルクのクルー

出身惑星：デヴァロニア

種族：デヴァロニアン

身長：1.9m

登場作品：M

参照：ミグズ・メイフェルド、
　　　Q9-0、ランザー・マルク、
　　　シアン

バーグは、ランザー・マルクに雇われた力自慢の傭兵クルーだ。マルクからは"用心棒"と呼ばれ、任務の際、嬉々としてこの名に相応しい仕事を果たす。無作法なバーグはディン・ジャリン（マンドー）の評判にも大して感心せず、彼がクルーに加わることに疑問を呈する。

ブラスター・ピストル

２挺のブラスターが入る革のホルスター

攻撃的な性格のバーグはもっぱら、うなり声や、ぼそぼそした低い声で意思の疎通を図る。すべてのデヴァロニアンの男同様、バーグの頭部の骨からは恐ろしげな角が2本生えている。凶暴そうな外見と呆れるほど短気なデヴァロニアンは、大方の予想どおり、犯罪に手を染める者が多い。

ばか力

バーグはデヴァロニアンにしても珍しいほどの怪力の持ち主だが、戦術にはうとい。新たな敵に遭遇すると、あわてて隠れようとする仲間にはかまわず、突進するか、ブラスターを撃ちまくるか、相手を破壊しようとする。バーグはまた残虐なユーモアの持ち主で、自分より弱いとみなす相手を見くびる傾向にある。

動きやすいようスリットの入った上着

二重構造のブーツ

バーグはシアンを信用していないものの、彼女のナイフの腕前と冷酷さには一目置いている。

C-3PO

金色のプロトコル・ドロイド

プロトコル・ドロイドのC-3POは儀礼に関する事柄や翻訳作業を手伝うようプログラムされている。思いがけなく冒険に放りこまれると、周囲で起こっている出来事に圧倒される傾向があるが、創意と工夫に富んだR2-D2とチームを組めば、向かうところ敵なしだ。

DATA FILE

所属：共和国／反乱同盟／
　　　レジスタンス

型：プロトコル・ドロイド

製造企業：サイボット・
　　　　　ギャラクティカ

体高：1.67m

登場作品：I、II、III、RO、
　　　　　IV、V、VI、VII、
　　　　　VIII、IX

参照：アナキン・
　　　スカイウォーカー、
　　　ルーク・スカイウォー
　　　カー、
　　　R2-D2

ボキャブレーター

まぶしいほど
ぴかぴかに磨かれた
ブロンジウム仕上げ

プライマリー・パワーカプリング・
アウトレット

強化された膝関節

惑星キジーミで"手術"を受けたあと、覚醒した
C-3POの目は赤くなっていた。

金色の神

スリルも興奮も好まない小心者であるにもかかわらず、なぜかC-3POは途方もない冒険に巻きこまれ、たいていはその過程で腕か脚か、回路の一部を失うはめになる（幸い、彼を修理するのは簡単だ）。エンドアではC-3POがイウォークの部族に"金色の神"と崇められたおかげで、反乱軍は勇猛果敢なこの部族を仲間に加え、帝国軍に勝利することができた。

アナキン・スカイウォーカーに仕えていたC-3POは、この創造主がタトゥイーンを去ったあと、母シミのもとで過ごしていた。その後、アナキンの結婚によりパドメ・アミダラ元老院議員に贈られるが、パドメの死とともにベイル・オーガナの手に渡る。乗っていたタンティヴIVがダース・ベイダーに拿捕されると、C-3POはR2-D2とタトゥイーンに逃れ、ルーク・スカイウォーカーが住む農場に売られた。

カイ・スレナリ

腕利きパイロット

DATA FILE

所属：レジスタンス

出身惑星：アベドネド

種族：アベドネド

身長：1.88m

登場作品：VII、VIII、IX

参照：コニックス中尉、
　　　ポー・ダメロン

垂れさがった口触覚

カイ・スレナリは、レジスタンス宇宙軍に所属するポー・ダメロンのウイングマンだ。どんなビークルでも乗りこなせるカイは、X ウイング・スターファイターを、まるでスピーダーであるかのようにやすやすと乗りこなす。

カイ・スレナリは、スターキラー基地の破壊作戦で活躍したパイロットのひとり、エロー・アスティと同じアベドネド種族だ。

幸運なサバイバー

ポー・ダメロンに忠誠心を抱くカイは、ホルド副提督に歯向かった彼の肩を持つ。しかし、カイがディカー脱出作戦を生き延びることができたのは、自らを犠牲にしたボルドの大胆な作戦のおかげだった。カイはまた、クレイトの戦いを生き延びて語ることができた数少ない反乱軍兵士のひとりでもある。

多くのアベドネドが銀河のさまざまな惑星での暮らしに馴染んでいる。彼らはその知性と社交性、旺盛な好奇心を活かしてほかの種族とうまく付き合う。オレンジ色の飛行スーツを着たカイは反乱軍パイロットたちにすっかり溶けこんでいるものの、ヘルメットだけは特注品だ。

照明弾

3本指の足

カント・バイト警察（CBPD）

腐敗した法の執行者

DATA FILE

所属：カント・バイト警察
出身惑星：さまざま
種族：人間
身長（平均）：1.83m
標準装備：K-25 ブラスター、
　　　　　スタン・プロッド
登場作品：VIII
参照：フィン、ローズ・ティコ

（バックミラーで
読みやすいよう）
反転して
書かれた文字

カント・バイト警察は、惑星カントニカにあるカジノ都市の秩序を維持する法組織である。しかし、貧しい市民の力になるよりも体裁を気にかけ、裕福な旅行者を優先する。安全で歓迎されていると感じた旅行者は、カジノで惜しみなく金を使うからだ。

ベータプラスト製の
柔軟なネックガード

ベータプラスト製の装甲襟

制服のデザインは街を訪れる人々に安心感を与えることを目的としているが、警官は治安を乱す者を目立たずに素早く排除できる武器も携帯している。カント・バイト警察は、できるだけ街の評判を落とすような騒ぎを起こしたくないのだ。

不正のはびこる街

美しい景観が保たれているカント・バイトでは、公共の場を汚した者は厳しく罰せられる。ローズ・ティコとフィンは、ビーチに宇宙船を不時着させたため逮捕された。しかしこの街では、警官を買収できる財力があれば、もっと大きな罪でも見逃してもらえる。

警察本部と監視ビルは、カント・バイトに近い、街を一望できる丘の上に立っている。

エレクトロショック・
スタン・プロッド

キャプテン・アンティリーズ

タンティヴIVの船長

DATA FILE

所属：共和国／反乱同盟
出身惑星：オルデラン
種族：人間
身長：1.88m
登場作品：III、IV、RO
参照：ベイル・オーガナ、
　　　プリンセス・レイア

キャプテン・レイマス・アンティリーズは、ベイル・オーガナの外交クルーザー船団の指揮を執る。帝国が銀河を支配しはじめると、彼は反乱同盟に加わり、タンティヴIVの船長として、ベイル・オーガナの養女であるレイア・オーガナに仕える。

惑星オルデラン出身のキャプテン・アンティリーズはきわめて有能なパイロットである。彼は反乱同盟のために多くの危険な任務に一役買い、帝国軍の封鎖を何度も突破した。

オルデランの
貴族が着用する
マント

リスト・ガード

射撃用ブラスター

オルデラン王室は、外交用クルーザーのタンティヴIVを所有している。

飛行ブーツ

喉輪

惑星タトゥイーンの軌道における戦いで、アンティリーズはタンティヴIVに乗りこんできたダース・ベイダーに捕らえられる。盗んだデス・スターの設計図を渡せと迫られたアンティリーズは、これを拒否し、ベイダーに絞殺された。

キャプテン・イサノ

緋色の海賊

DATA FILE

所属：なし
出身惑星：不明
種族：デルフィディアン
身長：1.93m
登場作品：VII、IX
参照：フィン、マズ・カナタ

法と秩序が失われた銀河大戦後の混乱期、鮮やかな緋色（ひいろ）のケープに身を包んだ海賊、サイドン・イサノが銀河を荒らしまわった。派手な通り名をいくつも持つイサノの"手柄話"は、いまも増え続けている。

奪いとったカンジクラブの
ライフル

イサノのデルフィディアンの顔は、つややかなカリーシュの戦闘ヘルメットで隠れている。

海賊クルー

イサノは宇宙船、メソン・マーティネ号を操縦する。ビジネスを取り仕切るのは、クルー（片足の一等航海士クウィグゴールドもそのひとり）の役目だ。ファースト・オーダーから逃げだし、新たな人生を見つけようとしているフィンは、マズ・カナタの城で出会ったイサノの一味に加わりそうになる。

アーマーウィーブを
裏地に使ったケープ

イサノは虚栄心が非常に強く、"血のバッカニア"、"緋色の海賊"、"赤い襲撃者"などと呼ばれ、海賊行為が語られるのを大いに楽しんでいる。そうした恐ろしい物語の効果は絶大で、彼が標的に選んだ宇宙船の多くはまったく抵抗せずに降伏する。

ラング隊長

モーガン・エルズベスの用心棒

DATA FILE

所属：モーガン・エルズベス監督官
出身惑星：コルヴァス
種族：人間
身長：1.83m
登場作品：M
参照：アソーカ・タノ、
　　　マンダロリアン（マンドー）、
　　　モーガン・エルズベス

特別仕様の
軍用肩当て

ディン・ジャリンを雇え

モーガン・エルズベスはもとジェダイ・ナイト、アソーカ・タノを殺そうと企むが、ラング隊長と彼の部隊は2本のライトセーバーを使いこなすタノに歯が立たなかった。そこでエルズベスは、ラングが果たせなかった任務を成し遂げてくれることを願い、マンダロリアンのディン・ジャリンを雇うことにした。

惑星 コルヴァス

でモーガン・エルズベス監督官の護衛隊長を務めるラングは、十分な訓練を積んだ傭兵で、ブラスターの早撃ちを得意とする。非情で腹黒いラングが監督官に仕えている理由はただひとつ、エルズベスは金払いがいいからだ。

通信機器の付いたバックル

革のホルスター

マンドーが元軍人とにらんだラングは、腕の立つ傭兵だ。ラングはモーガン・エルズベスが支配する城壁に囲まれた街カロダンをよそ者から守るだけでなく、住人に圧政をしき、命令に従わない者を容赦なく投獄する。

ラングはディン・ジャリンの実力を認めるが、アソーカ・タノを倒せるかどうか疑問に思っている。

CAPTAIN NEEDA
ニーダ艦長
アヴェンジャーの司令官

DATA FILE

所属：帝国
出身惑星：コルサント
種族：人間
身長：1.75m
登場作品：V
参照：オッゼル提督、
　　　ダース・ベイダー

ニーダ艦長は、インペリアル・スター・デストロイヤー、アヴェンジャーの司令官として、反乱軍秘密基地の捜索に参加する。ニーダはミレニアム・ファルコンを追って小惑星帯に入るものの、そこを出たあと、完全にファルコンを見失う。

標準仕様の
将校用手袋

帝国軍将校の上着

データを収納できる
バックル

有能かつ非情な将校であるロース・ニーダは、クローン大戦中、コルサントの戦いで、グリーヴァス将軍がパルパティーン議長を"誘拐"したときには、銀河共和国軍人だった。その後、帝国軍将校となったニーダは、ベイダーの厳しい基準を満たすことができずに命を落とす。

ニーダは、自分が乗るスター・デストロイヤーの側面に張りつくように近づいて"消えた"ファルコンを見逃す。

容赦なき処罰
ファルコンを見失ったニーダは全責任を認め、ベイダーに謝罪する。ベイダーはこの謝罪を受け入れたあと、フォースで彼を窒息死させた。

CAPTAIN PANAKA

キャプテン・パナカ

ナブー保安軍の隊長

DATA FILE

所属：ナブー王室保安軍
出身惑星：ナブー
種族：人間
身長：1.83m
登場作品：I
参照：パドメ・アミダラ

キャプテン・クァーシュ・パナカは、ナブーの女王であるパドメ・アミダラの警護を受け持つとともに、志願兵からなるナブー王室保安軍の全部門の指揮を執る。ナブーがトレード・フェデレーションに封鎖される少し前、銀河の不穏な状態を察知したパナカは、従来よりも強力な保安手段が必要だと進言する。

革の胴着

ユーティリティ・ベルト

共和国の特別機動部隊に所属していたキャプテン・パナカは、ナブー星系のある宙域で宇宙海賊たちと戦い、戦闘経験を積んだ。

高官の帽子

階級を表すコートの縞

アミダラ女王の退位後、パナカは後継者のジャミーラ女王のもとで引き続き警護隊長を務める。

女王の警護

警護責任者であるパナカは、アミダラ女王を守ってナブーを脱出する。その後、民を救うためにナブーに戻った女王とともに宮殿に潜入し、玉座を取り戻そうと戦う女王のかたわらで援護射撃を行った。

キャプテン・ファズマ

ストームトルーパーの司令官

DATA FILE

所属：ファースト・オーダー

出身惑星：パナソス

種族：人間

身長：（アーマー着用時）2m

登場作品：VII、VIII

参照：フィン、ファースト・オーダー・
　　　ストームトルーパー、
　　　ハックス将軍、
　　　カイロ・レン

特徴のあるメタリックなアーマーに身を包み、キャプテン・ファズマはファースト・オーダーのストームトルーパー軍団を指揮する。きわめて優秀な兵士のみがファースト・オーダーに仕えるようにすること、これこそが自分の義務だとファズマは思っている。

クロミウム仕上げの
F-11Dブラスター・ライフル

クラッシュ・ガントレット

アーマーウィーブ・ケープ

自分の指揮下にある部隊に所属していたストーム・トルーパー、FN-2187が任務を放棄して逃亡し、レジスタンスに加わると、ファズマはそれを自分の個人的な失敗だとみなす。

非常時という危機にもかかわらず、ファズマは実戦の際は常にその中に身を置いて、部下の戦いぶりを自分の目で確認する。お気に入りのアイコンで描かれたクロミウム製のセラティング・アーマーは、彼独特の地位を表わすだけでなく、彼女が持つ権威の象徴でもある。

実戦における鍛錬

ファズマは、真の兵士は戦闘を通じて作られると信じている。ストームトルーパーの訓練で使われる複雑なシミュレーションの価値は認めてはいるものの、シミュレーションで好成績を挙げている兵士が勇敢だという保証にはならないと思っているのだ。

サブロンド艦長

シス・エターナルの将校

DATA FILE

所属：ファイナル・オーダー／
シス・エターナル

出身惑星：エクセゴル

種族：人間

身長：1.62m

登場作品：IX

参照：プライド忠誠将軍、
パルパティーン

シス・エターナル
のクレスト

エクセゴルでシス・エターナルのカルト信者たちに育てられたチェジル・サブロンド艦長は、自分の仕える軍隊が銀河を支配する運命にあると固く信じている。彼女が指揮するファイナル・オーダー艦隊のスター・デストロイヤー、デリファンには、惑星を丸ごと破壊できるスーパーレーザー砲が装備されている。

将校の階級を示す
一本の赤いライン

非情なサブロンドのシスに対するこれまでの献身は、エクセゴルを進発して惑星キジーミを破壊せよという命令で報われた。この恐るべき殺戮（さつりく）は、パルパティーンのファイナル・オーダー計画の途方もない規模を銀河に知らしめることとなる。

ブーツにたくしこまれたズボン

真の信奉者

サブロンドのようなシス・エターナル艦隊の将校たちは、再びシスを銀河の支配者にすることだけを目的に、エクセゴルで秘密裏に訓練を積んできた。この大艦隊は長いあいだ、レジスタンスにもファースト・オーダーにも極秘にされてきたのである。

サブロンドはキジーミを破壊する任務を成功させ、プライド忠誠将軍の尊敬を勝ちとりたいと願っている。

滑りにくいブーツ

キャプテン・タイフォ

アミダラ元老院議員の警備隊長

DATA FILE

所属：ナブー王室保安軍
出身惑星：ナブー
種族：人間
身長：1.85m
登場作品：II、III
参照：キャプテン・パナカ、
　　　パドメ・アミダラ

忠誠心の篤いキャプテン・タイフォは周囲に一目置かれている。おじのキャプテン・パナカは、パドメ・アミダラがナブーの女王だったときに警護の責任者を務めた。現在はタイフォが、ナブー選出の元老院議員として活躍するアミダラの警護を指揮している。

王室の制服

ナブーの戦いで失った片目

合成皮革製ガントレット

ナブー製ブラスター

"ナブーの戦い"当時、タイフォは宮殿の警備兵だった。若いタイフォは勇猛果敢に戦い、片目を失う。その後、篤い忠誠心を買われ、パナカの甥であることも幸いして、アミダラ元老院議員の警護を受けもつ警備隊の隊長となる。

クローン大戦のさなか、キャプテン・タイフォは多くの任務でアミダラに随行する。

危険な世界

コルサントへ赴くアミダラ議員に随行したキャプテン・タイフォは、議員の暗殺未遂事件により7名の部下を失う。犠牲者にはアミダラ議員の身代わりを務めていた侍女のコーデも含まれていた。まもなくタイフォは、クローン大戦中の危険な世界では、どれほど厳重な警護手段をもってしても、議員を守るのに十分とは言えないことを思い知らされる。

キャラ・デューン

ネヴァロの保安官

DATA FILE

所属：反乱同盟／新共和国
出身惑星：オルデラン
種族：人間
身長：1.73m
登場作品：M
参照：グリーフ・カルガ、
　　　グローグー、
　　　マンダロリアン（マンドー）

反乱同盟のシンボルマーク、
スターバードを模した涙の入れ墨

オルデラン出身のキャラ・デューンは、銀河内戦で反乱軍ショック・トルーパーとして活躍した。現在はネヴァロの保安官として惑星の平和を保っている。友を大切にし、帝国を憎むデューンは、どんな危険にも真っ向から立ち向かう。

ショック・トルーパーの肩当て

連続射撃が可能な
軽ブラスター・ライフル

帝国崩壊後キャラ・デューンは傭兵となり、辺境惑星ソーガンに身を潜めていた。そこでマンダロリアンとグローグーと出会ったデューンは、正義を貫くため戦うことを決意する。

ショック・トルーパーの
アーマー

デス・スターがオルデランを破壊したとき、大切な人々をすべて失ったと、キャラはカーソン・テヴァ大尉に打ち明ける。

勝者は……

ソーガンではもっぱら、はるかに体格のよい相手と素手で格闘し、金を稼いでいた。戦闘スキルがきわめて高いうえに、瞬時に優れた判断を下せるデューンは、どれほど屈強な相手にもまったく動じず、負けることはめったにない。

合成皮革製ブーツ

カード

レン騎士団（ナイツ・オブ・レン）の武器職人

DATA FILE

所属：レン騎士団
　　　（ナイツ・オブ・レン）

出身惑星：不明

種族：不明

身長：1.75m

登場：Ⅶ、Ⅸ

参照：アプレク、
　　　クラク、
　　　カイロ・レン、
　　　トラッジェン、
　　　アシャー、
　　　ヴィクラル

カスタム仕様の
ヘルメット

改造したアーム・キャノン

カードを含むレン騎士団は、レイと彼女に同行している レジスタンスの仲間を追って砂漠の惑星パサーナにやってくる。

武器の改造に異常なほど熱心なカードは、その改造した武器を騎士団のメンバーに供給する。カードが好んで使うアーム・キャノンは、プラズマ・ビームを放ち、灼熱の炎を噴射することも可能だ。

レン騎士団は、リーダーであるカイロ・レンの命令にのみ従う。塵一つ落ちていない旗艦の磨き抜かれた通路を、我が物顔で歩きまわる死神のような騎士たちは、ハックス将軍らファースト・オーダーの将校たちの多くに忌み嫌われている。

耐火性の外套

装甲すね当て

追跡作戦

レン騎士団は、凍てつく山岳惑星キジーミの街でレイを探しまわる。数で相手を威嚇し、獲物を捕らえる可能性を高めるため、彼らは通常、集団で行動する。

CARSON TEVA
カーソン・テヴァ

新共和国軍大尉／パイロット

DATA FILE

所属：反乱同盟／新共和国
出身惑星：不明
種族：人間
身長：1.75m
登場：M
参照：キャラ・デューン、
　　　マンダロリアン
　　　（マンドー）

新共和国のシンボルマーク

名誉を重んじるカーソン・テヴァは、同僚から尊敬される新共和国軍パイロットだ。キャラ・デューンが優秀な兵士だと知ると、カーソンはアウター・リム領域から帝国の残存勢力を一掃しようと、この元反乱軍ショック・トルーパーに持ちかける。

A280ブラスター・ライフルと
スコープ

カーソンは新共和国に忠誠を誓い、自身と同じく帝国の残存勢力が害をなすのを防ごうと献身する人々を信頼している。マンドーことマンダロリアンが過去に犯罪者たちと手を組んでいたことは承知しているが、多くの善を成し遂げたことも考慮し、彼を逮捕しないという決定を下した。

オレンジ色の飛行スーツ

執政官を詰問

カーソン・テヴァは、旧帝国軍基地で起こった爆発について調査するため、ネヴァロへ向かった。惑星の執政官であるグリーフ・カルガのもとを訪れたカーソンは、最後にレイザー・クレストを見たのはいつか尋ねる。

カーソン・テヴァ大尉は、新共和国軍の優秀なXウイング・パイロットだ。

合成皮革で強化された
パイロット・ブーツ

CASSIAN ANDOR
キャシアン・アンドー

反乱同盟の情報部員

DATA FILE

所属：反乱同盟／ローグ・ワン
出身惑星：フェスト
種族：人間
身長：1.78m
登場：RO
参照：ジン・アーソ、K-2SO

キャシアン・アンドー大尉の頭にあるのはただひとつ——反乱同盟に尽くすことだ。情報部に所属する彼の務めは、帝国に対して利用できるどんな些細な情報も収集することであり、そのために彼はしばしば前線に赴く。キャシアンは多くの偽名を使い分け、人込みにまぎれて任務を遂行する。

大尉の階級章

コレリア風の野戦用ジャケット

ブラステック社製
A280-CFEブラスター

キャシアン・ジェロン・アンドーが銀河の戦いに巻きこまれたのは、わずか6歳のときだった。戦争がもたらした恐ろしい体験と少年時代の不安定な暮らしにより、帝国に一矢報いたいという決意を固めたキャシアンは、どんなに小さな反乱活動でも地道に続ければいつか敵を倒せると信じて破壊工作を行っている。

キャシアンは銀河に張り巡らされた情報網を使い、反乱活動に欠かせない情報を入手する。

命令に背き、運命の任務へ

帝国の新兵器デス・スターの設計図は、情報部の将校にとって喉から手が出るほど欲しいデータだ。その極秘ファイルを帝国の鼻先から盗みだすため、キャシアンは上官の命令に背き、ジン・アーソたちとともに特攻作戦に赴く。この任務は成功し——設計図データは無事、反乱同盟に届いた。

ヴァローラム議長

パルパティーン議長の前任者

DATA FILE

所属：共和国

出身惑星：コルサント

種族：人間

身長：1.7m

登場作品：Ⅰ

参照：マス・アミダ、
パドメ・アミダラ、
パルパティーン

フィニス・ヴァローラムは、パルパティーンが元老院の最高議長になる前、銀河元老院でもっとも高いこの地位に就いていた。トレード・フェデレーション艦隊が平和な惑星ナブーを取り囲んで封鎖したときに共和国を治めていたヴァローラムは、パドメ・アミダラの非難を浴びる。

装飾的な外套（がいとう）

最高議長であることを
示す青い帯

ヴァローラムの辞職後、あとを引き継いだナブー選出のパルパティーン議員は、強力なリーダーシップと効率のよい統治を約束する。

ヴェーダ布製ローブ

代々政治家を輩出してきた一族の出であるヴァローラムは、幼少のころから元老院の最高議長となるために準備をしてきた。彼は元首としての特権を存分に享受していたが、そうした彼の姿勢は投票者である一般市民にはあまり人気がなかった。

優柔不断なリーダー

ナブー市民が苦しんでいるというのに、元老院は封鎖の対処について議論するだけで、なんの行動も起こそうとしない。優柔不断なヴァローラムが軟弱で無能なリーダーに見えるのを承知のうえで、副議長のマス・アミダ（ひそかにパルパティーンに仕えている）はそれとなく事態の収拾を妨害する。

CHEWBACCA
チューバッカ

ウーキーの戦士にしてパイロットでもある反乱同盟軍の英雄

DATA FILE

所属：反乱同盟／レジスタンス
出身惑星：キャッシーク
種族：ウーキー
身長：2.28m
登場作品：III、S、IV、V、VI、
　　　　　VII、VIII、IX
参照：ハン・ソロ、ターフル

ウーキーのチューバッカは、機械類に
めっぽう強く、腕利きのパイロットでもある。
クローン大戦では故郷の惑星キャッシークを
守るために戦い、帝国の時代には、ハン・ソ
ロの一等航海士にして整備士、忠実な友と
して、ミレニアム・ファルコンでともに銀河
を飛びまわった。

チューバッカは揺るぎない忠誠心
を持つハン・ソロの副操縦士であ
り、信頼できる相棒だ。ハン・
ソロが巻きこまれる冒険のスリ
ルを楽しんでいるが、ときには
この無鉄砲な友が突っ走るの
を止めようとする。

ボウキャスター

水をはじく毛

道具袋

反乱同盟軍が帝国に勝利してから30年の歳月が流れた
が、ハン・ソロのかたわらには、昔と同じようにチューバッ
カの姿がある。

思いがけなく芽生えた友情

チューバッカは、惑星ミンバンにある帝国の刑
務所でハン・ソロに出会った。第一印象は最
悪で、チューバッカはハンを夕食代わりにす
るつもりだったが、彼の思いついた脱獄計画
に協力し、ともにミンバンから逃れる。

チャーパ村長

イウォークのリーダー

DATA FILE

所属：ブライト・ツリー村
出身衛星：エンドアの森の月
種族：イウォーク
身長：1.32m
登場作品：VI
参照：ログレイ、ティーボ

賢いリーダーであるチャーパ村長は、42シーズンにわたり、エンドアの森の月でブライト・ツリー村のイウォークを率いてきた。村のイウォークが反乱同盟軍の奇襲部隊を捕らえると、チャーパは男たちを丸焼きにしようとするが、C-3POに止められ、思いとどまる。迷信深いイウォークたちは、C-3POを"金色の神"だと信じているのだ。

フード

鋭い嗅覚

村長のメダル

爬虫類で作った杖

歳のせいか少々忘れっぽくなっているとはいえ、チャーパ村長は思慮深く村を治めてきた。そんな村長の号令一下、イウォークたちはこぞって帝国軍を相手に危険な戦いに挑む。

狩猟ナイフ

ブライト・ツリー村のイウォークたちは、高い木の上にある村に住んでいる。

現地調達部隊

帝国に対する反乱の説明をC-3POから聞いたチャーパは、イウォークを率いてこの戦いに参加する。エンドアの戦いで、イウォークの戦士たちはありったけの知恵を絞り、猛々しい一面を存分に発揮して優勢な帝国軍を見事に打ち負かした。

CHIRRUT ÎMWE
チアルート・イムウェ

ウィルズの守護者

DATA FILE

所属：（元）ウィルズの守護者
出身惑星：ジェダ
種族：人間
身長：1.73m
登場作品：RO
参照：ベイズ・マルバス、
　　　ボーディー・ルック、
　　　キャシアン・アンドー、
　　　ジン・アーソ、K-2SO

厳しい鍛錬と集中力により、チアルート・イムウェは自分の体を優れた戦闘マシンへと変えた。信仰心が篤く、フォースを強く信じるイムウェは、盲目とはいえ、戦闘技術では誰にも引けをとらない。

ユネティの木で作られた杖

ライトボウの狙いを安定させるガントレット

肩からかけたライトボウ

ウィルズの寺院の守護者であるイムウェは、古代の修道戦士たちの教団に属している。彼らの主な役目は、ジェダの聖都にあるカイバー寺院を守ることだ。しかし、デス・スターが一発の試弾で街全体を破壊すると、この聖なる任務はもはや必要ではなくなった。

古いカサヤ・ローブ

イムウェは優雅に、だが恐ろしいほどの速さでユネティの杖を振り、ストームトルーパーを次々に倒す。

戦う修道僧

圧倒的に不利な状況で敵に立ち向かうとき、イムウェはマントラをつぶやいて力を得る。ザマ＝シウォという武術の達人である彼は、身も心も平静に保てるばかりか、体を自在にコントロールし、心拍数や酸素摂取量も調節できる。スカリフの戦いでは、これらの技が大いに役立った。

クリーグ・ラーズ

シミ・スカイウォーカーの夫

DATA FILE

所属：なし
出身惑星：タトゥイーン
種族：人間
身長：1.83m
登場作品：II
参照：ベルー・ラーズ、
　　　オーウェン・ラーズ、
　　　シミ・スカイウォーカー

タトゥイーンで水分抽出農場を営むクリーグ・ラーズは、農場の手伝いを探しにモス・エスパに出かけ、アナキン・スカイウォーカーの母親シミ・スカイウォーカーと恋に落ちる。シミが奴隷だと知ると、クリーグはトイダリアンのジャンク・ディーラー、ワトーから彼女の自由を買いとり、結婚を申し込む。

ギア・ハーネス

風雨で色褪せた
作業服

仲間の農夫たちとシミの救出を試みたクリーグは、タスケン・レイダーと戦って片脚を失う。

父親はタトゥイーンの農民だったが、若いクリーグは活気に満ちたコア・ワールドの生活にあこがれた。コア・ワールドに出た彼は、アイカという娘と恋に落ちて結婚し、息子のオーウェンをもうける。しかし、アイカが死ぬと、父親の農場を継ぐためにタトゥイーンに戻った。

失意の男

クリーグはタスケン・レイダーに愛する妻シミを誘拐され、殺される。彼女の死後も、水分抽出農場の経営を続け、必死に生きようとするが、悲しいことに、シミを失ったあともまもなく傷心のうちにこの世を去る。

クライアント

帝国に通じる謎の人物

DATA FILE

所属：帝国／帝国残存勢力
出身惑星：不明
種族：人間
身長：1.83m
登場作品：M
参照：ドクター・パーシング、
　　　マンダロリアン（マンドー）、
　　　モフ・ギデオン

クライアントと科学者のドクター・パーシングは、グローグーが実験できる状態であることを確認するため、健康状態をチェックする。

クライアント（客）とだけ呼ばれるこの男は、帝国の残存勢力にとって重要な"獲物（賞金首）"の居所を突きとめるためマンドーを雇う。礼儀正しく、話し方も穏やかだが、クライアントはこの"獲物"を恐ろしい計画に使うつもりだ。

ファー付きのコート

大きな名誉を示す
帝国のシンボル

このトラッキング・フォブが
"獲物"の居所を教えてくれる

帝国の時代は終わったとはいえ、クライアントは当時を好ましく振り返り、いまだに帝国に授与されたメダリオンを身につけている。彼は上司であるモフ・ギデオンのために、グローグーという名の幼子を見つけようと手を尽くす。

名誉の回復

クライアントは、料金は高いが界隈一のすご腕だという評判を買い、賞金稼ぎのマンドーを雇った。クライアントは任務を果たしたマンドーに、これでマンダロアを破壊した帝国の行いを多少とも償えるだろう、と大量のベスカーを渡す。

クローン・パイロット

特殊技能を身につけたクローン・トルーパー

DATA FILE

所属：共和国／帝国

出身惑星：カミーノ

種族：人間のクローン

身長：1.83メートル

標準装備：DC-15A ブラスター、
サーマル・デトネーター、
弾薬

登場作品：II、III

参照：クローン・トルーパー

反射防止
ブラスト・
バイザー

空気を供給
するホース

呼吸循環ユニット

共和国に仕えるクローン・パイロットは、厳しい訓練により多岐にわたる戦闘用ビークルの操縦技術を身につける。これら優秀なパイロットは、LAATガンシップから、Y ウイング・ボマー、攻撃型偵察機（ARC-170）および V ウイング・スターファイターまで、各種ビークルを操縦できる。

コルサントの戦いでは、パイロットと、副パイロットを兼ねた前部砲手がARC-170スターファイターを飛ばした。

フライト・データを
入れるポーチ

コルサントの戦いでは、ほとんどのクローン・パイロットが、フェーズIIのパイロット用アーマーと、反射防止ブラスト・バイザー付きヘルメットを着用した。しかし、V ウイングには生命維持システムが装備されていないため、このファイターを操縦するパイロットは、完全に外気を遮断するヘルメットを装着していた。

ガンシップのパイロット

クローン大戦の緒戦となったジオノーシスの戦いで、クローン・パイロットはLAAT/iとLAAT/cガンシップを操縦した。彼らは鮮やかな黄色のマーキングが入ったフェーズIの戦闘用アーマーと、特別仕様のフルフェイス・ヘルメットを着用した。

CLONE TROOPER (PHASE I)
クローン・トルーパー（フェーズI）

第一世代のクローン・トルーパー

DATA FILE

所属：共和国

出身惑星：カミーノ

種族：人間のクローン

身長（平均）：1.83m

標準装備：DC-15Aブラ
スター、サーマル・
デトネーター、弾薬

登場作品：II

参照：クローン・
トルーパー
（フェーズII）、
クローン・パイロット、
ジャンゴ・フェット

呼吸
フィルター

クローン・トルーパーを戦場に配備する
のは、ガンシップを戦場に運ぶ
共和国軍アサルト・シップ
だ。

DC-15
ブラスター

ユーティリティ・ベルト

太腿プレート

第一世代のクローン・トルー
パーは、着用するアーマーのスタ
イルからフェーズIと呼ばれた。カ
ミーノのクローン養成施設で生ま
れた彼らは、戦うことと、ほぼ無
敵だと感じられるようになること
を目的として訓練される。

フェーズIアーマーは、おおまかに
ジャンゴ・フェットが着用するマン
ダロリアン・ショック・トルーパー
のアーマーを基にしている。20枚の
アーマー・プレートからなるため、
重くて着心地が悪く、"ボディ・バケ
ツ"とけなされることが多い。

ハイトラクションの靴底

緒戦

ジオノーシスで、分離主義勢力のドロイド軍が最初の全面攻
撃を仕掛けてくると、元老院はやむをえずクローン軍を送っ
た。まだ数は揃わず、訓練も十分とは言えなかったが、ジェ
ダイの巧みな指揮のもと、クローン・トルーパーたちは見事
ドロイド軍を退却に追いこむ。

クローン・トルーパー(フェーズII)

第二世代のクローン・トルーパー

DATA FILE

所属：共和国／帝国

出身惑星：カミーノ

種族：人間のクローン

身長（平均）：1.83m

標準装備：DC-15Aブラスター、
　　　　　サーマル・デトネー
　　　　　ター、弾薬

登場作品：III

参照：クローン・トルーパー
　　　（フェーズI）

クローン・トルーパーから成る共和国軍は銀河最強の軍隊である。

戦闘で損傷を受けた
胸部プレート

ブラスターの
予備マガジン

銃床が折りたためる
標準DC-15
ブラスター

コルサントの戦いが始まる頃には、第二世代のクローン・トルーパーの強化されたフェーズIIアーマーは泥で汚れ、傷だらけになっていた。彼らは人間の倍の早さで歳をとるため、この時点で、第一世代のクローン・トルーパーはすでに3分の2に減っていた。

膝プレート

フェーズIIアーマーは、フェーズIアーマーより強度があり、軽く、順応性があり、特殊任務に合わせたバリエーションも豊富だ。

優れた兵士

分離主義勢力軍よりもはるかに高度なアーマーを身に着け、上空からの援護も受けられるクローン・トルーパーは、次々に押し寄せるバトル・ドロイドの大軍をたやすく突破することができる。

コブ・ヴァンス

モス・ペルゴの保安官

DATA FILE

所属：モス・ペルゴ
出身惑星：タトゥイーン
種族：人間
身長：1.83m
登場作品：M
参照：マンダロリアン
　　　（マンドー）、
　　　タスケン・レイダー

照準用レンジ
ファインダー

コブ・ヴァンスは、伝説の賞金稼ぎボバ・フェットのアーマーを身に着け、タトゥイーンの小さな町モス・ペルゴの治安を守っている。マンドーことディン・ジャリンが町を訪れると、ヴァンスはたびたび町を襲っては害をなす恐ろしいクレイト・ドラゴンをともに倒してくれれば、アーマーを渡すと約束する。

ヘルメット・
ビューブレート

マンダロリアン・ジェットパック

コブ・ヴァンスはタトゥイーンの砂漠で死にかけていたところを、ジャワの一団に発見された。サンドクローラーのなかでマンダロリアンのアーマーを一式発見したヴァンスは、シリカックス・クリスタルが詰まったケースと引き換えに、ジャワからこのアーマーを手に入れた。

意外な助っ人

マンドーとコブ・ヴァンスはクレイト・ドラゴンを退治するため、タスケン・レイダーの部族と手を組む。これまでは敵どうしだったが、コブ・ヴァンスとタスケン・レイダーたちは互いの協力なくして巨大な猛獣を倒すことはできないと悟ったのだ。

ウードゥー革のホルスター

マー＝ソン弾薬社製の
HF-94重ブラスター・
ピストル

コブ・ヴァンスは、モス・ペルゴのカンティーナで一杯やるのを楽しみにしている。

ニーパッド・
ダート・ランチャー

コールマン・トレバー

ヴァークのジェダイ・マスター

DATA FILE

所属：ジェダイ
出身惑星：センブラ
種族：ヴァーク
身長：2.13m
登場作品：II
参照：ドゥークー伯爵、
　　　ヤレアル・プーフ

生涯成長する
頭頂骨

分厚い
爬虫類の皮膚

コールマン・トレバーはヤレアル・プーフの死後、ジェダイ評議会のメンバーとなる。

携帯食糧と
エネルギー・
カプセル

ジェダイの
外套

平和的に危機を解決する能力により人々から慕われているコールマン・トレバーは、解決の難しい対立や紛争を巧みに調停する。トレバーはその優れたライトセーバー戦闘技術を買われ、メイス・ウィンドゥの機動部隊に加わってジオノーシスへ赴く。

ドゥークーとの対決

ジオノーシスの戦いのさなか、ドゥークー伯爵に近づくチャンスをつかんだトレバーは、この分離主義勢力のリーダーの不意を打つ。だが、それに気づいたジャンゴ・フェットのブラスターが火を噴き、高潔なジェダイの命を奪った。

コールマン・トレバーは海洋惑星センブラ出身のヴァークだ。ヴァークは原始的な種族だと思われているが、実際は、たいへん思いやりのある穏やかな種族である。幼少の頃フォースの潜在能力を見出され、ジェダイ・オーダーに加わったトレバーは、ジェダイとなった唯一のヴァークとして知られている。

74

コマンダー・ブライ

アイラ・セキュラ直属のクローン・コマンダー

DATA FILE

所属：共和国／帝国
出身惑星：カミーノ
種族：人間のクローン
身長：1.83m
登場作品：III
参照：アイラ・セキュラ、
　　　クローン・トルーパー
　　　（フェーズII）

酸素を供給できる
ヘルメット

オーダー66が発令されたあと、ブライは共和国に敵対し、帝国に仕える。

ジャンゴ・フェットのクローンとして生まれたコマンダー・ブライは、最初にアドバンスト・レコン・コマンドー（ARC）トルーパーとして訓練を受けたクローン兵士たちのひとりだ。ブライは常に、与えられた任務を成功させることのみに集中している。

破砕弾の破片で
細かい穴があいた
プラストイド製アーマー

DC-17連射式
ハンド・ブラスターを
すばやく抜ける
ホルスター

冷酷なコマンダー

クローン・コマンダー・ブライがパルパティーンの発令したオーダー66を受けたのは、エキゾチックなジャングル惑星フェルーシアでジェダイの将軍アイラ・セキュラとともに、分離主義評議会のメンバーであるシュ・マーイを追っているときだった。ブライは多くの危険な任務をともに遂行してきたセキュラを、一瞬のためらいもなく撃ち殺す。

クローン大戦で、ジェダイの将軍アイラ・セキュラとともに戦ったクローン・コマンダー、CC-5052、通称ブライは、任務を果たすために力を尽くすセキュラに敬意を抱いている。

コマンダー・コーディ

オビ=ワン・ケノービ直属のクローン・コマンダー

DATA FILE

所属：共和国／帝国

出身惑星：カミーノ

種族：人間のクローン

身長：1.83m

登場作品：III

参照：クローン・トルーパー
（フェーズII）、
オビ=ワン・
ケノービ

フェーズIIアーマーの
このバリエーションには
アンテナが付いている

呼吸
フィルター

ケノービが失くしたライトセーバーをこのジェダイに返したのが、コーディの最後の忠実な行動となった。

DC-15ブラスター・
ライフルは最大出力で
300発まで撃てる

クローン・ユニット2224、通称コマンダー・コーディは、しばしばジェダイの将軍オビ=ワン・ケノービのもとで戦った。彼はカミーノから来た最初のクローンのひとりで、その後の追加訓練で、リーダーとしての能力を培った。

アーマーに使われている
これらの色は所属軍団を示す

コーディのようなクローン・コマンダーは、認識番号に加えて名前も使う。ジェダイと進歩的な考え方の共和国の高官たちの勧めにより、多くのクローン・トルーパーが自発性を示し、友情を育むために個別の名前を持つに至った。

シディアスの命令

ローラ・サユーやウータパウの任務など、クローン大戦中コーディはケノービ将軍とともに献身的かつ勇敢に戦い、将軍と気のおけない仲間のような友情を培った。それにもかかわらず、ジェダイ抹殺を命じるオーダー66がシディアスから発令されると、コーディはためらいひとつ見せずに友を裏切る。

ハイトラクション・ブーツ

ダーシー中佐

冷静なレジスタンス将校

DATA FILE

所属：レジスタンス
出身惑星：ウォーレンタ
種族：人間
身長：1.65m
登場作品：VIII、IX
参照：コニックス中尉、プ
リンセス・レイア、
ホルド副提督

妻から贈られた
スカーフ

レイアに誘われてレジスタンスに入ったダーシーは、彼女と強い絆で結ばれている。レイアの旗艦ラダスでともに任務をこなしたあと、ダーシーはジャングル衛星エイジャン・クロスに新たな基地を建設する際、レイアがいちばんに指名した指揮官だった。

ラーマ・ダーシー中佐は、エイジャン・クロスにあるレジスタンス基地でレイア・オーガナが最も信頼を置く補佐官である。レジスタンス地上軍を指揮するかたわら、ダーシーはファースト・オーダーの動きを追跡している。

近距離用ブラスター

戦闘用の野戦服

将校が着けるバックル

エクセゴルの戦いのあと、ダーシーは互いの無事を喜び、A ウイング・パイロットを務める妻のロビー・タイスとキスを交わす。

落ち着きをもたらす存在

ダーシーは常々、感情に左右されることなく兵站業務をこなしている。ファースト・オーダーのタイ・ファイターによる攻撃で、ラダスに乗船していた高官の多くが命を落としたことを仲間の乗員に告げるときには、その冷静な対処能力を試されることになった。

コマンダー・グリー

キャッシークで戦った上級クローン・コマンダー

DATA FILE

所属：共和国
出身惑星：カミーノ
種族：人間のクローン
身長：1.83m
登場作品：III
参照：ルミナーラ・アンドゥリ、
　　　ヨーダ

T字型
偏光バイザー

究極的にはパルパティーンのみに忠実なグリーは、
オーダー66の発令と同時にヨーダを殺そうとする
が、逆にヨーダに倒される。

クローン・コマンダー・グリーは、
クローン大戦で第41エリート・コー（精
鋭兵団）の指揮を執る。ジェダイの将軍、
ルミナーラ・アンドゥリ率いるこの兵団
は、エイリアン種族が住む惑星での長
期任務を専門とする。グリーはエイリア
ン種族の習慣に関する知識を活用し、
地元民と協調関係を築いた。

迷彩模様

武器・弾薬ベルト

クローン・ユニット1004がグ
リーという名を選んだのは、銀河
全体を通してみられる広く多様な
エイリアン文化に関心を持ってい
ることを表すためだ。グリーと
は、ほとんど知られていない
エイリアン種族である。

強化タクティカル・
ブーツ

アーマー・プレートは
頻繁に交換される

ウーキーの守護者

キャッシークの戦いで、グリーはジェダイ・
マスター、ヨーダの指揮下に入る。ウーキー
の惑星の瑞々しいジャングルでは、グリーの
緑色の迷彩アーマーは格好の隠れ蓑になった。
数多くの戦いで鍛えられた部下もみな、同じく
ジャングルの戦いに相応しいアーマーを着
用している。

コマンダー・ネーヨ

スタス・アリー直属のクローン・コマンダー

DATA FILE

所属：共和国／帝国
出身惑星：カミーノ
種族：人間のクローン
身長：1.83m
登場作品：III
参照：クローン・トルーパー
（フェーズII）、
スタス・アリー

強化呼吸
フィルター

第91偵察コー（機動偵察兵団）に配属されているクローン・コマンダー・ネーヨは、バイカー・アドバンスト・レコン・コマンドー（BARC）としてしばしばBARCスピーダーに乗る。クローン大戦中は、アウター・リム包囲作戦に加わり、多くの戦場で勇猛果敢に戦った。

ARCコマンドーの
ベルト

内蔵コムリンク

装備ポーチ

所属部隊を示すマーク

ネーヨは分離主義勢力の支配下にある惑星サルーカマイの包囲戦で、ジェダイのスタス・アリーに仕える。

ネーヨ、すなわちユニット8826は、カミーノで行われた実験段階のクローン・コマンダー訓練プログラムを最初に卒業した100人のうちのひとりである。戦うためだけに作られたネーヨは、不穏なほど冷酷な個性を持つに至る。

クローンの裏切り

共和国軍がサルーカマイを占領したあとも、ネーヨは散在する抵抗勢力の残党を一掃するために、この惑星に留まる。ジェダイの将軍スタス・アリーとスピーダーで巡回中にオーダー66を受けた彼は、即座にブラスター・キャノンをアリーに向ける。

ドゥークー伯爵

分離主義勢力のリーダーにしてシス卿

DATA FILE

所属：シス／分離主義勢力

出身惑星：セレノー

種族：人間

身長：1.93m

登場作品：II、III

参照：アナキン・
　　　スカイウォーカー、
　　　パルパティーン

セレノーの
伯爵の象徴
であるマント

アナキンによって交差した2本の光刃を首元に突きつけられたドゥークーは、シディアスの裏切りに不意を突かれる。

ドゥークー伯爵はかつてジェダイ・マスターだったが、旺盛な独立心によりジェダイ・オーダーを離れた。のちにシスの弟子となり、ダース・ティラナスという名を持つものの、表向きはドゥークー伯爵として、共和国からの脱退を求める分離主義勢力（独立星系連合）を率いる。

曲がった柄

惑星セレノーの貴族として生まれたドゥークー伯爵は、銀河でも指折りの資産家のひとりだ。彼はその富と権力を巧みに利用し、自分が率いる分離主義勢力に加わるよう多くの星系を説き伏せる。

ジオノーシスの最初の戦いのさなか、ドゥークーは師であったヨーダと切り結ぶ。

珍しい
ランコアの
革製ブーツ

シスの技

剣術の達人でもあるドゥークー伯爵は、流れるような美しい動きと巧妙な技術でライトセーバーを振るう。シスである彼は指先からフォース・ライトニング（稲妻）を放つこともできる。

D-O

臆病なカスタム仕様のドロイド

DATA FILE

所属：シス・エターナル／
　　　レジスタンス

型：ユニークなカスタム仕様ドロイド

製造企業：身元不明のドロイドスミス

体高：46cm

登場作品：IX

参照：BB-8、フィン、
　　　ベストゥーンのオーチ、
　　　レイ

好奇心旺盛なD-Oは、BB-8が見つけたカスタム仕様のドロイドである。かつてシスの暗殺者が所有していた宇宙船で"眠っていた"D-Oは突然現れた人々やクリーチャーの周囲をせわしなく動きまわるものの、このレジスタンスの面々を新たな仲間として信頼するようになる。

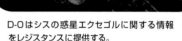

D-Oはシスの惑星エクセゴルに関する情報をレジスタンスに提供する。

プロセッサーが入った
円錐形の頭部

サービス・ドロイドに
使われていたパーツ

ピボット回転できる首

シスの暗殺者ベストゥーンのオーチに創造主のドロイドスミスを殺害され、ひどい扱いを受けて極端に用心深くなっているD-Oは、初めはレイに触れられるのをためらう。だが、キーキー鳴る車輪を修理してもらうと大喜びし、レイに心を許す。

さまざまな地形に
対応可能なトレッド

ドロイドの師

BB-8は10年以上停止していたD-Oを充電し、動けるようにした。人間と片言のベーシックで"会話"はできるものの、D-Oがいちばんリラックスできるのはドロイドと過ごしているときで、しょっちゅう同意を求めてBB-8にまとわりついている。

ダーク・トルーパー

試作型バトル・ドロイド

DATA FILE

所属：帝国残存勢力
型：第3世代設計の
　　バトル・ドロイド
製造企業：帝国軍事研究部門
体高：1.9m
登場作品：M
参照：グローグー、
　　　モフ・ギデオン、
　　　ルーク・スカイウォーカー

ダーク・トルーパーは、モフ・ギデオンの指揮下にある最上位機種の重装備バトル・ドロイドだ。驚くほど力が強く、大型ブラスター・ライフルの狙いも正確で無敵の戦闘力を誇るうえに、両足に付いたロケット・ブースターで飛ぶこともできる。

パワー・ステータス・インジケーター

フュージョン・ジェネレーター

ダーク・トルーパーのアーマーは、もともと兵士が着用するものとして考案された。だが、アーマーのなかに生身の人間がいることが弱点となるため、第3世代設計ダーク・トルーパーは、バトルスーツではなくドロイドとして作られた。

内蔵スタビライザーにより最適な飛行制御が可能

恐ろしい敵

モフ・ギデオンの軽クルーザーで、ダーク・トルーパーの小隊が起動された。この小隊は、クルーザーを防御し、侵入者をひとり残らず抹殺すべく行動する。

モフ・ギデオンは、グローグーを捕らえるため4体のダーク・トルーパーを送った。

ロケット・ブースター

DARTH VADER
ダース・ベイダー

シスの暗黒卿

DATA FILE

所属：シス／帝国
出身惑星：タトゥイーン
種族：人間
身長：2.02m
登場作品：III、RO、IV、V、VI
参照：アナキン・スカイウォーカー、
　　　ルーク・スカイウォーカー、
　　　オビ＝ワン・ケノービ、
　　　パルパティーン

オビ＝ワンとの決闘に敗れたダース・ベイダーは、生命維持スーツに閉じこめられる身となった。

不吉な黒いアーマーとマント姿のダース・ベイダーは、パルパティーン皇帝のシスの弟子であり、銀河中で恐れられる軍司令官だ。ダークサイドのフォースを使うベイダーは、残虐なシスの暗黒卿として人々に脅威を与える。

オビ＝ワン・ケノービとの戦いで瀕死の重傷を負ったベイダーは、パルパティーンの指示により、黒いアーマーに全身を包まれた。ベイダーは、このアーマーに内蔵された生命維持装置なしでは生きられない。

スーツの主制御パネル

見る者を恐怖させる
漆黒のマント

ベイダーは紙一重の差で、反乱軍から盗まれたデス・スターの設計図を取り返すことができなかった。

父と息子
ルーク・スカイウォーカーが自分の息子だと知ると、ベイダーはルークをダークサイドへ転向させ、ふたりで銀河を治めたいという野望を抱く。しかしルークはこの誘いを蹴り、黒いアーマーの下にまだ良心が残っていると信じて、父をダークサイドから引き戻そうとする。

デス・スターの砲手

帝国軍兵器技術者

DATA FILE

所属：帝国

種族：人間

身長（平均）：1.83m

登場作品：RO、IV、VI

参照：AT-AT パイロット、
　　　AT-ST パイロット、
　　　ストームトルーパー

砲台にいる砲手は、デス・スターから放たれるスーパーレーザーの途方もないエネルギー・レベルを監視する。

エネルギーを遮断する素材

デュラスチール製の黒い手袋

帝国宇宙軍のデス・スターの砲手には、細いバイザー付きの特殊ヘルメットが支給される。これはターボレーザー砲やスーパーレーザー砲が放つまばゆい閃光から目を守るためのデザインだが、視界が極端に狭まることに不満を感じている砲手が多い。

デス・スターの砲手は、帝国の大型戦艦、軍事基地、デス・スター戦闘ステーションでさまざまな兵器を扱う。優れた技術を持つ彼らは、恐ろしい威力を持つターボレーザー砲やイオン砲を操作した。

ターボレーザーの砲手

帝国の大型戦艦やデス・スターには、おびただしい数のターボレーザー砲が搭載されている。旋回する砲座に備えつけられたこれら重レーザー砲は、数人の砲手が操作する。彼らは戦いの行方を左右する再充電のタイミングと砲身の熱量レベルを観察しながら、敵のスターファイターを照準に捉え、1発のビームで木っ端微塵にする。

惑星ジェダに向けた試し打ちで、砲手はデス・スターのすさまじい破壊力を誇示する。たった1発のレーザーがこの聖都を一瞬にして壊滅させたのだ。

デス・トルーパー

エリート・ストームトルーパー

DATA FILE

所属：帝国

出身惑星：さまざま

種族：人間（強化済み）

身長：1.96m

標準装備：E-11Dブラスター・
ライフル、DLT-19D重ブラ
スター・ライフル、SE-14r
軽連射式ブラスター、C-25
破砕性グレネード

登場作品：RO、M

参照：オーソン・クレニック、
ストームトルーパー

E-11Dブラスター・ライフル

デス・トルーパーの分隊は、ネヴァロで帝
国残存勢力の司令官モフ・ギデオンを護衛
する。

電磁シグナルを歪める
リフレク・ポリマー被覆の
アーマー

とりわけ優秀なストームトルー
パーは、特殊な黒いアーマーを身に
着けたエリート兵士、デス・トルー
パーに昇格できる。このエリート部隊
は、極秘研究機関ターキン・イニシア
チヴの長官など最上級高官の身辺
警護を務める。

C-25破砕性グレネード

忠誠心の篤い部下

オーソン・クレニック長官の個人的なボディ
ガードとして、デス・トルーパーは彼の赴く
ところすべてに同行する。辺境惑星ラムー
で科学者ゲイレン・アーソの"回収"任務を
行ったのもデス・トルーパー部隊だった。

デス・トルーパーは、スカリフの特殊
部隊訓練キャンプで、通常のストーム
トルーパーよりも屈強で俊敏な、回復
力に優れた戦士となる訓練を積む。ま
た、身体能力を高める肉体"強化"も
受ける。

柔軟性のある革製ブーツ

デンガー

コレリア出身の賞金稼ぎ

DATA FILE

所属：賞金稼ぎ

出身惑星：コレリア

種族：人間

身長：1.83m

登場作品：V、VI

参照：ボバ・フェット、ボスク、
　　　ダース・ベイダー

戦いで負った傷を隠すターバン

ヴァルケン38
ブラスター・
カービン

軽装甲のガントレット

爆弾を隠した
ユーティリティ・ベルト

デンガーは、クローン大戦初期から新共和国が台頭する頃まで活躍した賞金稼ぎだ。同じ時代に活動していた同業者とは違い、彼はこそこそ嗅ぎまわるより敵と真っ向から戦うことを好む。

ダース・ベイダーはミレニアム・ファルコンを見つけた者に高額の報奨金を約束する。

装甲を施したバトル・アーマー

腕力と火力に頼るデンガーはその腕を十分証明し、しばしば組んで仕事をするボバ・フェットの尊敬を勝ちとった。いかにも恐ろしげな外見にもかかわらず、デンガーはその気になればチャーミングになれると信じている——が、それは勘違いだ！

手強い敵

デンガーは、取り逃がしたミレニアム・ファルコンの行方を突きとめるためにダース・ベイダーが雇った賞金稼ぎたちのひとりだ。必要とあればどんな手段を使ってもかまわないと許可されたが、乗員は必ず生きたまま捕らえるのがこの仕事の条件だった。

デパ・ビラバ

ジェダイ評議会のメンバー

DATA FILE

所属：ジェダイ
出身惑星：キャラクタ
種族：人間
身長：1.68m
登場作品：I、II
参照：メイス・ウィンドゥ、
　　　クワイ＝ガン・ジン、ヨーダ

キャラクタンの悟りを
開いた者のしるし

ビラバはさまざまな考え方をする仲間のジェダイに対して、理路整然とした大局的な視点をもたらす。

デパ・ビラバはジェダイ・マスターとしてジェダイ評議会に仕え、洞察力に富んだ崇高な意見を述べることで知られていた。クローン大戦中は、ジェダイの将軍のひとりとしてさまざまな戦いでクローン軍を率いる。

実用的な戦闘チュニックを覆う
ジェダイのローブ

ライトセーバーは
ローブの下のユーティリティ・
ベルトに付ける

ビラバが率いるクローン軍は、ハルウン・コルでグリーヴァス将軍の率いるドロイド軍に大敗する。ジェダイのなかには、この戦いがもたらした肉体的、精神的苦悩からビラバが立ち直れるかどうかを危ぶむ者もいたが、戦いの傷が癒えると、彼女はケイレブ・デュームをパダワンとして教えはじめた。オーダー66の発令時、ビラバは惑星カラーで自らを犠牲にしてこのパダワンを守る。

ジェダイの友情

ジェダイ・マスター、メイス・ウィンドゥは、両親を殺されて捕虜になったビラバを宇宙海賊のもとから救出した。やがて彼はビラバをパダワンとして教え導く。長年のあいだにふたりはきわめて強い絆を培った。

87

デクスター・ジェットスター

ベサリスクのコックにして情報屋

DATA FILE

所属：なし
出身惑星：オジョム
種族：ベサリスク
身長：1.9m
登場作品：II
参照：オビ＝ワン・ケノービ

ベサリスクの男性だけにあるとさか

力強い腕

器用な指

デクスターは、コルサントのあまり上品とはいえない地域にある食堂のオーナー兼コックだが、必要とあれば皿洗いでもなんでもこなす。

腕が4本あるベサリスク、デクスター・ジェットスターはコルサントで食堂を経営している、幅広い人脈を持つ男だ。ある日、昔なじみのオビ＝ワン・ケノービが、暗殺者ザム・ウェセルを殺した謎のセイバーダーツに関する情報を求め、デクスターの店にやってきた。

デクスター・ジェットスターは、ぶっきらぼうだが気のいい男で、長年、銀河の石油採掘現場を流れ歩き、バーテンダーや用心棒、武器の売買などで生計を立ててきた。やがてコルサントにやってきた彼は、食堂のオーナーとして新しいスタートを切る。

情報屋

一見、ラフな格好の気のいい男にしか見えないが、デクスターは鋭い観察力と優れた記憶力の持ち主だ。オビ＝ワン・ケノービのようなジェダイ・ナイトにすら手に入らない知識を提供できるほど情報通でもある。

DJ

優れた暗号解読者

DATA FILE

所属：自分自身
出身惑星：不明
種族：人間
身長：1.88m
登場作品：VIII
参照：フィン、ローズ・ティコ

DJはそこらの暗号解読者とは違い、どんな暗号が使われているコンピューターも"突破"できる高度な専門技術の持ち主だ。ファースト・オーダーで最もセキュリティの厳しいバイオ=ヘクサクリプト・データ・システムであっても、彼にかかれば朝飯前だ。

DJは暗号解読の技術を使って、カント・バイトのカジノで賭博を楽しむ裕福な常連客から金を巻きあげている。カモにするのは武器商人、戦争成金、犯罪者といった悪人ばかりであるため、盗み同様の行為にもまったく罪悪感を覚えない。

"関わるな"と書かれたバッジ

首にかけた作業ブーツ

コドヨク革のコート

倫理に反した男

忠誠を誓う相手は自分だけだと豪語するDJは、ローズ・ティコとフィンをあっさり裏切り、ふたりのことをファースト・オーダーに密告する。どんな大義にも欠点がある、ひとりがいちばんだと信じる彼のマントラは、"関わるな（Don't Join）"である。

DJはファースト・オーダーの旗艦スプレマシーにフィンとローズが忍びこむ手助けを申し出る──ただし、それに見合う報酬をもらえれば、だ。

ドクター・エヴァザン

人殺しのお尋ね者

DATA FILE

所属：密輸業者
出身惑星：アルサカン
種族：人間
身長：1.77m
登場作品：RO、IV
参照：ポンダ・バーバ

顔の傷

エヴァザンとポンダ・バーバがブラスターを抜くのを見て、バーテンのウーハーはとっさに頭を下げたが、ケノービは眉ひとつ動かさなかった。

武器用ベルト

あちこちの惑星で死刑宣告を受けた人殺しのドクター・エヴァザンは、生き物の体のパーツを付け換えることで悪名を馳せている。無防備の相手にけんかを吹っかけて撃ち殺すのも、エヴァザンと相棒ポンダ・バーバの気晴らしのひとつだ。

ホルスター

エヴァザンはかつて将来を期待された外科医だったが、訓練期間中に正気を失い、（ドロイドの助手を使わずに）何百人という患者に“創造的な手術”を行って、無残な傷を残すのを楽しんでいる。

ろくでなしの犯罪者

密輸業者で人殺しのエヴァザンには、銀河の至るところに敵がいる。実際、賞金稼ぎに殺されそうになったこともあり、顔に残っている醜い傷はそのときのものだ。アクアリッシュのならず者、ポンダ・バーバが彼の命を救い、犯罪行為の相棒となった。

ドクター・カロニア

レジスタンスの軍医

DATA FILE

所属：レジスタンス
出身惑星：不明
種族：人間
身長：1.73m
登場作品：VII
参照：スタトゥラ提督、
　　　チューバッカ

負傷したレジスタンスのメンバーは、ドクター・ハーター・カロニアの思いやりとユーモアに心を癒やされることが多い。彼女は腕のよい内科医であり、外科医でもある。

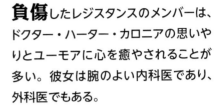

階級を示す記章

医療スタッフの腕章

レジスタンスのチュニック

ディカーのレジスタンス本部で働くドクター・カロニアは、人手不足の医療センターをなんとかやりくりしている。ファースト・オーダーとの戦いが始まる前、カロニアの主な任務は、緑の生い茂るジャングル惑星で慣れない気候により体調を崩した兵士たちの手当てをすることだった。

医療チーフ

カロニアの階級は少佐だが、医療にかかわる分野では、より大きな権限を持つ。必要とあれば、彼女自身の判断で上級将校たちを任務からはずすこともできるのだ。優れた言語学者でもあるカロニアは、ウーキーの言語シリウークを流暢に話し、けがをして気が立っているチューバッカを上手になだめる。

長時間立っていても疲れない
履き心地のよいブーツ

ドクター・パーシング

帝国の医師にして科学者

DATA FILE

所属：帝国／帝国残存勢力
出身惑星：不明
種族：人間
身長：1.7m
登場作品：M
参照：クライアント、
　　　ダーク・トルーパー、
　　　モフ・ギデオン

視力改善用の
ブラススペック

かつて帝国軍の科学者だったドクター・パーシングは、現在はクライアントとモフ・ギデオンに仕えている。パーシングの任務は謎に満ちたグローグーを調べ、グローグーとフォースとの繋がりを明らかにすることだ。

追跡装置を入れた
秘密のコンパートメント

帝国科学者の制服

一流の科学者であるドクター・パーシングは、グローグーについてできるかぎり多くのことを知りたいと、研究意欲に燃えている。彼はほかの被験体にもさまざまな実験を行っている。

"ザ・ミスロル"は、パーシングがグローグーの血を分析していることを突きとめる。

貴重な"獲物（賞金首）"

マンドーが首尾よく"獲物"──謎の生物グローグー──を連れてくると、クライアントとドクター・パーシングは大いに喜ぶ。彼らの狙いは、実験に使うため、グローグーの血を採取することだ。クライアントはザ・チャイルドとも呼ばれるグローグーがその過程でどうなろうとかまわないが、パーシングはこの未知の生物を生かしておきたいと思っている。

ドルーピー・マックール

マックス・レボ・バンドのフルート吹き

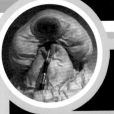

DATA FILE

所属：ジャバの宮殿
出身惑星：キアドⅢ
種族：キトナック
身長：1.6m
登場作品：Ⅵ
参照：ジャバ・ザ・ハット、
　　　マックス・レボ

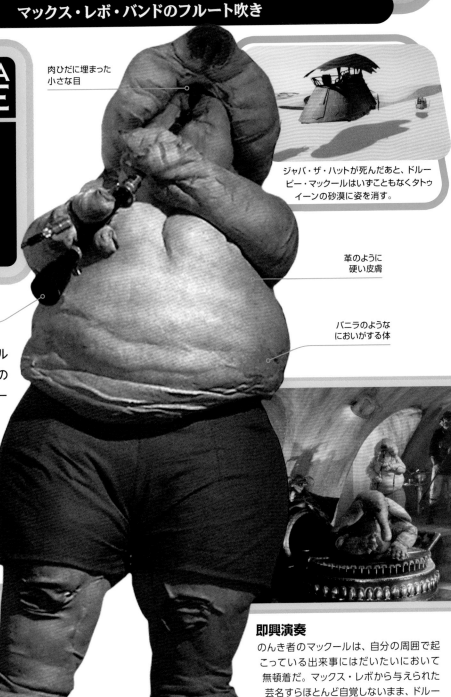

肉ひだに埋まった
小さな目

革のように
硬い皮膚

バニラのような
においがする体

チディンカル・フルート

ジャバ・ザ・ハットが死んだあと、ドルーピー・マックールはいずこともなくタトゥイーンの砂漠に姿を消す。

ドルーピー・マックールは、ジャバ・ザ・ハットお抱えのマックス・レボ・バンドで、リード・フルートを吹くキトナックの芸名である。風変わりでやや神秘的な雰囲気の漂うドルーピーの本名はフルートの音のようなひと続きの口笛で、ほかの種族にはとうてい発音できない。

バンドのメンバーとは仲良くやっているものの、同じ種族の話し相手に飢えているマックールは、タトゥイーンの砂丘から、ほかのキトナックの声がかすかに聞こえてきたと主張する。

即興演奏

のんき者のマックールは、自分の周囲で起こっている出来事にはだいたいにおいて無頓着だ。マックス・レボから与えられた芸名すらほとんど自覚しないまま、ドルーピーはひたすらフルートを吹く。

ドライデン・ヴォス

洗練された犯罪王

DATA FILE

所属：クリムゾン・ドーン
出身惑星：不明
種族：人間に近い
身長：1.92m
登場作品：S
参照：モール、キーラ

ドライデン・ヴォスは銀河にまたがる犯罪シンジケート、クリムゾン・ドーンの表の顔である。このシンジケートの真のリーダーが、シスの訓練を積んだダークサイドの戦士、モールであることを知る者はほんのひと握りしかいない。ヴォスは人当たりがよさそうに見えるが、その見かけの下には、生涯にわたる忠誠を強要する残虐な悪党が隠れている。

武器を隠す
バッフルウィーブ製の
マント

バントラ産
シルクで作られた
オーダーメードの
スーツ

粋なスーツを着こなす暴君ヴォスは、富裕層や権力者を豪華な宇宙ヨットに迎え、愛想よくもてなす。一見、羽振りのいいビジネスマンそのものだが、ときおり激しい気性や凶暴な面をのぞかせる。

ドライデンの豪華ヨットには、富を誇示する貴重なアンティークがあちこちに飾られている。

タフな監督者

ドライデン・ヴォスは、トバイアス・ベケットらが任務に失敗したにもかかわらず珍しく同情心を見せ、コアクシウム燃料を手に入れる二度目のチャンスを彼らに与える。誰もが欲しがる希少燃料を手に入れるのはたしかに命がけの仕事だが、かといって、やらなければこの場でヴォスに殺されるのだ。

イース・コス

ジェダイ評議会のメンバー

DATA FILE

所属：ジェダイ
出身惑星：イリドニア
種族：ザブラク
身長：1.71m
登場作品：I、II
参照：メイス・ウィンドゥ、
　　　プロ・クーン

退化した
角

ジェダイ・マスターにしてジェダイ評議会のメンバーであるイース・コスは、イリドニアン・ザブラクだ。角のあるこの種族は優れた決断力と強い自制心を持つことで知られており、こうした資質のおかげで極度の肉体的苦痛にも耐えられる。

ジェダイの
チュニック

伝統的な革の
ユーティリティ・ベルト

たっぷりした
長いローブ

クローン大戦中、イース・コスはグリーヴァス将軍に捕らえられるが、機転を利かせてジェダイ評議会にメッセージを送り、自分のいる場所を知らせることができた。その情報に基づき、オビ＝ワン・ケノービとアディ・ガリアが大胆な救出作戦を立て、首尾よく彼を助けだす。

動きやすい
ゆったりとした袖

コスと仲間のジェダイは、アナキンをジェダイとして訓練すべきかどうかの判断を迫られる。

出足が遅かったジェダイ

ほかのジェダイに比べるとかなり遅い4歳でジェダイの訓練を始めたコスは、アナキン・スカイウォーカーをジェダイとして訓練したいというクワイ＝ガン・ジンの訴えに、評議会のほかのメンバーよりも理解を示す。

エンフィス・ネスト

スウープバイクに乗った略奪者

DATA FILE

所属：クラウド＝ライダーズ

出身惑星：不明

種族：人間

身長：1.67m

登場作品：S

参照：ハン・ソロ

通信用アンテナ

クロム製のヘルメット

エンフィス・ネストは悪名高い海賊一味、クラウド＝ライダーズのリーダーだ。スウープバイクを乗りこなし、略奪行為を働くこのギャング団は、帝国ばかりかクリムゾン・ドーンなどの犯罪シンジケートにも戦いを挑む。

恐ろしい評判が先行するエンフィス・ネストの真の正体は、手の込んだヘルメットとアーマーで隠されている。ネストは、トバイアス・ベケットのクルーの邪魔をして、彼らの計画を台無しにしたことで知られている。

保温用のバンサの毛皮

エレクトロリッパー・スタッフ

スカイブレード330スウープバイクに乗ったエンフィス・ネストとクラウド＝ライダーズは、空中で宇宙船を襲撃できる。

共通の動機

ネストは帝国のせいですべてを失った人々を集め、略奪によって得た利益を、自分たちが生き延びるため、また生まれたばかりの反乱運動に資金を提供するために使う。

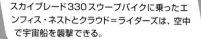

EV-9D9

サディスティックな監督ドロイド

DATA FILE

所属：なし（独立）
型：監督ドロイド
製造企業：メレンデータ
体高：1.9m
登場作品：VI、M
参照：C-3PO、
　　　マンダロリアン（マンドー）、
　　　R2-D2

ジャバ・ザ・ハットの監督ドロイドEV-9D9は、タトゥイーンにあるジャバの宮殿の奥まった薄暗い一室で働いている。プログラミングが損なわれている彼女は、働く意欲を高めるためと称して、ドロイドがばらばらになるまで奇抜な方法で拷問する。

プログラミングの欠陥により残酷な行為を好むEVユニットは、EV-9D9だけではない。EVシリーズには同様の欠陥をもつドロイドが多いのだ。EV-9D9は大量リコールを免れた数少ないEVシリーズの一体で、宮殿で働くすべてのドロイドに仕事を割り当てる役割を楽しんでいる。

劣化した論理中枢

新しい役割
ジャバ・ザ・ハットの犯罪帝国が崩壊すると、再プログラムされたEV-9D9はモス・アイズリーでバーテンダーとして働くようになり、そこでマンドーに出くわす。

操作を行う腕

自ら加えた第3の目

ドロイドの苦痛を"見る"ために、EV-9D9は自分に3つめの目を加えた。

イーヴン・ピール

ラニックのジェダイ・マスター

DATA FILE

所属：ジェダイ

出身惑星：ラニック

種族：ラニック

身長：1.22m

登場作品：I、II

参照：アナキン・スカイウォーカー、
　　　クワイ＝ガン・ジン、ヨーダ

ジェダイの
まげ

薄い大気のなかでは
敏感になる
大きな耳

ジェダイのローブ

思ったことを遠慮なく口にするこのジェダイ・マスターは、並外れて小柄だが決して侮ってはいけない。イーヴン・ピールの片目を斜めに横切るひどい傷は、自分を甘く見たテロリストに勝利した、いわば"名誉の勲章"だ。

ピールの故郷は、長い戦いの歴史を持つ惑星ラニックである。クローン大戦で活躍した百戦錬磨のこの不愛想な戦士は、敵の捕虜となり、悪名高い刑務所シタデル・ステーションに捕らわれた。脱出時に致命傷を負ったピールは、アソーカ・タノにクローン大戦の勝敗を左右する重大な情報を託す。

歴史に残る出来事

銀河が戦争への最初の一歩を踏みだした頃、イーヴン・ピールはジェダイ評議会のメンバーを務めていた。クワイ＝ガン・ジンが初めてジェダイ評議会のメンバーにアナキン・スカイウォーカー少年を引き合わせたときにも、その場に居合わせた。

イーヴン・ピールはヤドルの隣で、長きにわたりジェダイ評議会に仕えた。

フェネック・シャンド

エリート傭兵

DATA FILE

所属：賞金稼ぎ

出身惑星：不明

種族：人間

身長：1.63m

登場作品：M

参照：ボバ・フェット、
　　　キャラ・デューン、
　　　マンダロリアン（マンドー）

複雑に編みこまれた髪は、
顔にかからない

マンドーと組んだフェネック・シャンドとボバ・フェットは、ジャバがかつて所有していたタトゥイーンの宮殿を制圧する。

装甲された保護ヘルメットで
集中力を高める

プレッシャーのもとでも冷静なフェネック・シャンドは、暗殺を得意とする傭兵で、これまでの雇い主にはハットをはじめとする銀河でもとりわけ危険な犯罪者が多い。仲間にすれば大いに頼りになるが、敵に回せばこれほど恐ろしい相手はいない。

装甲布

狙撃の達人

スナイパー・ライフルの名手フェネックの、"決してはずさない"という自信に満ちた言葉は、これまでの評判が裏付けている。フェネックははるか遠くからでも標的に命中させることができ、ときには宙を舞いながら敵を撃ち抜く。

タトゥイーンのデューン・シーに隠れていたフェネック・シャンドは、トロ・カリカンに撃たれ、死にかけていたところを、ボバ・フェットに助けられる。テクノロジーによる治療で一命をとりとめたフェネックは、フェットの相棒となり、行方の分からなくなったアーマーを捜す彼と行動をともにする。

フェネックは足音をたてない

フィグリン・ダン

ビスのバンドリーダー

DATA FILE

所属：モーダル・ノーズ
出身惑星：ビス
種族：ビス
身長：1.79m
登場作品：IV
参照：ジャバ・ザ・ハット

肥大した頭骨

大きな目

音色セレクター

クルー・ホーン

モーダル・ノーズは、チャルマンという名のウーキーが経営するカンティーナでよく演奏する。

クルー・ホーンの名手フィグリン・ダンは、7人のビスからなるバンド、モーダル・ノーズのリーダーである。彼らはモス・アイズリーにあるチャルマンのカンティーナや、砂漠のはずれにあるジャバ・ザ・ハットの宮殿など、タトゥイーンのさまざまな場所で演奏活動を行っている。

バンドの衣装

要求の厳しいバンドリーダーであるフィグリンは、ミュージシャンに最高の演奏を期待する。怒りっぽい性格から"炎のフィグリン・ダン"と呼ばれるこのビスは、クルー・ホーンを吹かせたら銀河一だが、カードゲームが大好きで、バンドの稼ぎでしょっちゅうギャンブルに興じている。

バンドのメンバー

モーダル・ノーズのメンバーは、クルー・ホーンのフィグリン・ダン、ドレニアン・ベシュニケル（またはフィズ）のドイック・ナッツ、ダブル・ジョシマーのイカベル・ゴント、ファンファーのテデン・ダーハイ、オムニ・ボックスのテック・モア、バンドフィルのナラン・チール、ドラムのスニル・エイデの7人だが、しばしばライリン・カーンが共演し、第2クルー・ホーンを受け持つ。

旅行用ブーツ

フィン

レジスタンスの将軍

DATA FILE

所属：ファースト・オーダー／レジ
スタンス

出身惑星：不明

種族：人間

身長：1.78m

登場作品：VII、VIII、IX

参照：ポー・ダメロン、レイ、
　　　ローズ・ティコ

ローズとDJとともにスノークの旗艦に潜入したフィン
は、ファースト・オーダーのスター・デストロイヤー
に関する内部情報を利用して追跡装置を捜す。

罪もない市民を攻撃すること
を拒み、ファースト・オーダー
を脱走したストームトルーパー
のFN-2187は、レジスタンスに
加わり、新たな居場所と名前を手
に入れる。フィンと呼ばれるよう
になった彼は、ファースト・オー
ダーを倒す戦いに命を賭ける。

ホルスターのバックル

ERDTグリー44
ブラスター・ピストル

フォースの感応度をしだいに強め
ていくフィンは、誰もが認める生
まれながらのリーダーである。
スターキラー基地を破壊した任
務と、カント・バイトおよびク
レイトでの活躍のあと、彼はレ
ジスタンスの将軍に昇進する。

無謀な脱出

ファースト・オーダーを離れる決意を固めたFN-2187
は、オーダーから逃げる手伝いをしてもらおうと、捕
らわれていたレジスタンスのパイロット、ポー・ダメ
ロンを助けだす。砂漠の惑星ジャクーに不時着した
あと、ふたりは離れ離れになるが、レイという若い
廃品回収者と出会ったことから、フォースの神秘的
な力によりフィンの人生は大きく変わる。

101

ファースト・オーダー・エクセキューショナー・トルーパー

反逆者の処刑人

DATA FILE

ボコーダーのおかげで兵士の身元は特定されない

所属：ファースト・オーダー
出身惑星：さまざま
種族：人間
身長（平均）：1.83m
標準装備：レーザー・アックス
登場作品：VIII
参照：キャプテン・ファズマ、
　　　ファースト・オーダー・
　　　ストームトルーパー

ブラスターによる死はときに、ファースト・オーダーに対する反逆罪を犯した者には軽すぎる罰だと考えられた。そこで登場するのが、レーザー・アックスで罪人を極刑に処すストームトルーパー、エクセキューショナー・トルーパーである。

カーボン仕上げのアーマー

エネルギー・リボン

エクセキューショナー・トルーパーは、通常のストームトルーパーからランダムに選抜される。剃刀のように鋭い4本のエネルギー・リボンが付いたレーザー・アックスによる残虐な公開処刑が、ファースト・オーダーにたてついた者に厳しい正義をもたらす。

兵士のヘルメットの黒いマーキングは、エクセキューショナー・トルーパーであるしるしだ。

ベータブラスト製の膝プレート

間一髪の脱出

ファースト・オーダーを離反してキャプテン・ファズマの怒りを買ったフィンは、レジスタンスの仲間のローズ・ティコとともにファズマの手に落ちた。ファズマはエクセキューショナー・トルーパーにふたりの処刑を命じた──が、あわやというとき、旗艦がレジスタンスに攻撃され、フィンとローズはその混乱に乗じて逃げだす。

102

ファースト・オーダー・フレイムトルーパー

焼夷兵器を扱うストームトルーパー

DATA FILE

所属：ファースト・オーダー

出身惑星：さまざま

種族：人間

身長（平均）：1.83m

標準装備：フレイム・
　　　　　プロジェクター

登場作品：VII、VIII

参照：ファースト・オーダー・
　　　スノートルーパー

特殊任務を遂行するファースト・オーダーのストームトルーパー、フレイムトルーパーは、どんな戦場も火の海に変えられる。ファースト・オーダーは、ジャクーにあるトゥアナル村の襲撃にフレイムトルーパーを送り、村を焼き尽くした。

コンフラグリン・タンク

D-93wフレイム・
プロジェクター・ガン

フレイムトルーパーは、D-93インシネレーターと呼ばれる、ダブル・バレルの火炎放射器を装備し、背中のタンクに入った揮発性の高いジェル、コンフラグリン14を噴射する。電気で点火されたジェルは炎となり、その最大射程距離は75メートルにもおよぶ。

防火ゲートル

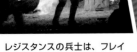

レジスタンスの兵士は、フレイムトルーパーたちを "ロースター（あぶり焼く者）"、"ホットヘッド（熱いやつ）"、"バーンアウト（燃えつきた男）" などと呼ぶ。

戦いの炎

フレイムトルーパーの強化シラメク製アーマーがトルーパーの体を熱から守り、ヘルメットの細いバイザー・スリットが灼熱の炎がもたらすまぶしさを軽減する。フレイムトルーパーは標準装備のストームトルーパーと組んで戦い、隠れた敵を組織的にあぶりだす。

ファースト・オーダー・ジェット・トルーパー

空中高く飛ぶストームトルーパー

DATA FILE

所属：ファースト・オーダー

出身惑星：さまざま

種族：人間

身長（平均）：1.83m

標準装備：ソン＝ブラス社製
G125 プロジェクタイ
ル・ランチャー

登場作品：IX

参照：ファースト・オーダー・
ストームトルーパー

ヘルメットのバイザーが
兵士の目の動きを
感知する

ファースト・オーダーはトレッドスピーダーを発進させ、
パサーナの砂漠でレジスタンスのメンバーを追跡した。

アーマーと一体になった
ジェットパック

ソン＝ブラス
社製G125
プロジェクタイル・
ランチャー

ファースト・オー
ダー・ジェット・トルー
パーは、空高く飛び、
標的を追跡することの
できる特殊なトルーパー
だ。しばしばトレッドスピーダー
のパイロットと組み、このス
ピーダーを使って空高く"発
射"してもらう。

コムリンクが入った小物入れ

空中の追撃

ジェット・トルーパーは、空中で爆発物を
発射して敵の進行方向を狭め、地表にい
る仲間を助ける。しかし、空中を飛んで
いるときは、ブラスターやサーマル・デト
ネーターの攻撃に対して無防備になる。

高度な身体能力がなければジェットパック
のジャイロスコープに対応できないため、
ジェット・トルーパーに選抜されるのは最
も運動能力の高い兵士のみだ。突然体を
動かそうものなら、たちまち制御不能なス
ピン状態に陥り、正常な飛行に戻るのが難
しい場合もある。

ファースト・オーダー・スノートルーパー

寒冷地で戦うアサルト・ストームトルーパー

DATA FILE

所属：ファースト・オーダー

出身惑星：さまざま

種族：人間

身長（平均）：1.83m

標準装備：ブラスター・ライフル、
　　　　　ブラスター・ピストル

登場作品：VII、VIII、IX

参照：ファースト・オーダー・
　　　フレイムトルーパー、
　　　ファースト・オーダー・
　　　ストームトルーパー

ファースト・オーダーのスターキラー基地は、氷の惑星に造られた軍事施設だ。そのため、基地の通常警備はストームトルーパーの寒冷地部隊が受け持っている。

断熱カーマ

雪や氷の上を移動するときの動きにくさを補うため、スノートルーパーのアーマーは標準トルーパーのアーマーより可動性が高い。また断熱性の素材がアーマーのほとんどを覆い、トルーパーのバックパックにある加熱ユニットおよび個人状況把握ユニットが、体温をモニターし、一定に保つ。

スノートルーパーは、惑星クレイトの地表のような、塩の反射光とクリスタル構造の上での戦いにも適している――が、過熱ユニットのスイッチをオフにするのを忘れてはならない。

F-11Dブラスター・ライフル

ユーティリティ・ポーチ

氷の戦士

スターキラーを警備、防衛するだけでなく、氷の惑星を征服するのもスノートルーパーの任務だ。ベータプラスト・アーマーの露出している部分は、霜の蓄積を防ぐ除氷剤が塗られている。ヘルメットのバイザーに入っているスリットは氷による光の乱反射対策としてできる限り細くされ、温かいフィラメント・ラインが重要な機器の凍結を防止する。

FIRST ORDER STORMTROOPER
ファースト・オーダー・ストームトルーパー
最新世代の兵士

DATA FILE

所属：ファースト・オーダー
出身惑星：さまざま
種族：人間
身長（平均）：1.83m
標準装備：ブラスター・ライフル、
　　　　　ブラスター・ピストル
登場作品：VII、VIII、IX
参照：キャプテン・ファズマ、
　　　フィン

階級を示す肩章

弾薬入れ

ファースト・オーダー標準歩兵のアーマーは、銀河を震撼させた帝国軍ストームトルーパーのアーマーを意図的に模倣している。その帝国軍兵士のアーマーは、共和国軍のクローン・トルーパーのアーマーを基にしていた。

改良された
関節部

ファースト・オーダー・ストームトルーパーの標準装備は、用途の広いソン＝ブラス社製F-11Dブラスター・ライフルと、より小型なソン＝ブラス社製SE-44Cピストルだ。

戦場へ
ファースト・オーダーの基本的な分隊ユニットは、標準歩兵ストームトルーパー10人からなる。そのうちのひとりが、フレイムトルーパーや、FWMB-10メガブラスターを携帯するストームトルーパー、あるいは暴動鎮圧ストームトルーパーなどの特殊トルーパーの場合もある。

106

ファースト・オーダー・タイ・パイロット

最新世代のパイロット

DATA FILE

所属：ファースト・オーダー

出身惑星：さまざま

種族：人間

身長（平均）：1.83m

標準装備：ブラスター・ピストル

登場作品：VII、VIII、IX

参照：ハックス将軍、
ポー・ダメロン

ターゲット・センサー

完全密封ヘルメット

生命維持ギア

現在のタイ・パイロットは、耐久性と生存機能に重点を置くファースト・オーダーの方針の恩恵を受けている。新世代のタイ・ファイターは、帝国時代の同型機よりもはるかに優れた装備を備えているのだ。

ファースト・オーダーの標準タイ・ファイターは、TIE/foと呼ばれている。

旧帝国アカデミーを利用できないとあって、ファースト・オーダーのパイロットの訓練は、しだいに数を増すスター・デストロイヤーの艦隊内でひそかに行われている。そのため新世代のタイ・パイロットは、人生のほとんどを宇宙空間で過ごす。

正重力
与圧ブーツ

特殊部隊

ファースト・オーダーのタイ・ファイター部隊には、ヘルメットとスターファイター機体に深紅のマークが入った特殊部隊も含まれている。この特殊部隊に所属しているのはエリート・パイロットのみで、彼らは強化された高性能シールドとハイパードライブを搭載した2人乗りのタイ・ファイターを飛ばす。

若いミスロル

グリーフ・カルガの神経質な補佐

DATA FILE

所属：ネヴァロの執政官

出身惑星：不明

種族：ミスロル

身長：1.73m

登場作品：M

参照：キャラ・デューン、
　　　グリーフ・カルガ、
　　　マンダロリアン（マンドー）

脱皮を終えると、ひれはなくなる

"ザ・ミスロル" と呼ばれることもある
この若いミスロルはかつて盗人だったが、現在はネヴァロの執政官のオフィスでグリーフ・カルガの補佐官として働き、過去の犯罪行為を償いながらまっとうに暮らしている。彼は計算とテクノロジー機器の扱いが得意だ。

クレジットがたんまり入った財布

ミスロル種族は頭部にえらやひれを持って生まれ、成長とともに何度か脱皮する。若いミスロルは "ひな" もしくは "ひよっこ" と呼ばれ、不安に駆られると、じゃ香のような匂いを放つことで知られている。

クァートゥーム革の
つなぎ

無理難題

グリーフ・カルガは、ネヴァロの帝国軍基地内にある反応炉の制御装置から冷却水を抜くようにと、ミスロルに無理な注文をする。ミスロルは高所恐怖症なうえ熱も溶岩も苦手だったが、グリーフに脅され仕方なく従った。

マンドーは若いミスロルをカーボナイト凍結して運ぶ。

頑丈なブーツ

FROG LADY
フロッグ・レディ

両生種族の献身的な母

DATA FILE

所属：なし（独立）
出身惑星：不明
種族：不明
身長：1.45m
登場作品：M
参照：グローグー、
　　　マンダロリアン（マンドー）

暗闇でも
見える目

射撃の上手いフロッグ・レディはブラスター・ピストルを手にして、グローグーをアイス・スパイダーから守る。

湿度を保つ防水ベスト

卵を保存する栄養水

フロッグ・レディは、自分が産んだ最後の卵を背負っている。次に昼と夜の長さが同じになるときまでに卵を孵化させることができないと一族の血が途絶えてしまうため、なんとかタトゥイーンを出て夫の待つ衛星に行こうとする。

攻撃されたフロッグ・レディは、思いがけず素早い動きを見せる。自分と自分の卵に突進してくるアイス・スパイダーから逃げるため、フロッグ・レディは四つん這いになったかと思うと、勢いよく飛び跳ねて逃げだした。

別の子（チャイルド）
トラスクの月でほっとひと息つくと、グローグーはフロッグ・レディが孵化させたばかりのおたまじゃくしと特別な絆を築く。

ゲイレン・アーソ

天才科学者

DATA FILE

所属：帝国／反乱同盟

出身惑星：グレインジ

種族：人間

身長：1.83m

登場作品：RO

参照：ジン・アーソ、
　　　ライラ・アーソ、
　　　オーソン・クレニック

数々の受賞歴を持つ科学者ゲイレン・アーソは、結晶学の権威だ。自分が行っているカイバー・クリスタルの研究をクローン大戦により荒廃した惑星の復興に役立てたいと願うが、彼は自分でも気づかぬうちに、比類なき破壊力を持つ超兵器デス・スターの開発へとつながる下地を作っていた。

研究部門の階級章

帝国軍標準仕様の
ベルト・バックル

娘のジン・アーソとは、娘が8歳のときに離れ離れになったきりだ。ふたりはイードゥーでついに再会を果たすが、ゲイレン・アーソは娘の目の前で息を引きとる。

償い

帝国研究施設から出ることのできないアーソは、自分の研究が恐ろしい技術に悪用されていることに自責の念を抱く。デス・スターの建造を止める力は彼にはないが、自分の行いを償う方法はひとつだけあった。この超兵器を一撃で破壊できる小さな弱点を、こっそり組みこむのだ。その後、アーソはついに、この弱点に関する情報を入れたホロメッセージを反乱同盟軍に届ける方法を見つける。

科学を愛し、科学の力で銀河をより良い場所にしたいと願うゲイレン・アーソは、カイバー・クリスタルから大量のエネルギーを得る方法を発見するものの、帝国にその研究を横取りされてしまう。この技術に秘められた破壊力を見てとったオーソン・クレニック長官が、アーソを誘拐し、無理やり帝国の研究に従事させたのだ。アーソは優れた知性と知識を持つがゆえに、家族も、自由も、そして最後には命さえも失うことになった。

帝国応用科学研究所の制服

ガモーリアン・ガード

ジャバの宮殿の警備兵

DATA FILE

所属：ジャバの宮殿

出身惑星：ガモール

種族：ガモーリアン

身長：1.73m

登場作品：VI、M

参照：ジャバ・ザ・ハット

タフで野蛮なガモーリアン・ガードは、タトゥイーンにあるジャバの宮殿の要所で不審な動きに目を光らせている。頭の回転が少々遅く、融通がきかないとはいえ、雇い主に忠実なガモーリアンは警備任務にはもってこいだが、突然凶暴になって暴れまわることもある。

近視の目

牙

緑色の肌のガモーリアンは、アウター・リムの好戦的な惑星ガモールの出身だ。ガモールでは、ボアと呼ばれる男性は戦うか、戦いの準備に明け暮れている。畑を耕し、狩りをするのは女性の役目だ。

ジャバの宮殿では暴力沙汰は日常茶飯事だが、ガモーリアンは喜んでそれを見物する。

ガントレット

頑丈な斧

ゴア・コレシュの闘技場では、ガモーリアンどうしがバイブロ＝アックス（振動斧）で武装し、試合を行う。

傭兵向きの種族

ガモーリアンはあまり知性的とは言えないため、彼らを買収するのはまず無理だ。これは雇い主にとって望ましい長所となる。彼らはブラスターよりも斧やバイブロ＝ランス（振動槍）を好んで使う。

革のサンダル

111

GARINDAN

ガリンダン

モス・アイズリーのスパイ

DATA FILE

所属：さまざま
出身惑星：クビンディ
種族：クバーズ
身長：1.85m
登場作品：Ⅳ
参照：ルーク・スカイウォーカー、
サンドトルーパー

惑星クビンディ出身のクバーズであるガリンダンは、道徳心を持ち合わせぬ貪欲な男で、手に入れた情報を最も高値をつけた相手に提供する。モス・アイズリーで2体のドロイドを捜すために帝国軍に雇われた彼は、すぐにルーク・スカイウォーカーとオビ＝ワン・ケノービ、R2-D2、C-3POの痕跡を嗅ぎつけた。

手がかりをつかんだ！
ガリンダンはルーク・スカイウォーカーたちを尾行し、一行がドッキング・ベイ94でハン・ソロと落ち合うことを突きとめると、帝国軍から渡されたコムリンクで報告を入れる。サンドトルーパーの部隊が到着すれば、ガリンダンの仕事は終わりだ。

ガリンダンは、大好物の昆虫を食べるのに長い鼻を使う。

黒っぽいゴーグル

昆虫を食べる
長い鼻

黒っぽいフードとゴーグルで顔を隠したガリンダンは謎に包まれている。ふだん何をしているかはすべて秘密にしているため、彼の私生活を知る者はほとんどいない。

帝国軍の
コムリンク

ドレイヴン将軍

反乱同盟情報部のリーダー

DATA FILE

所属：反乱同盟
出身惑星：ペンダーⅢ
種族：人間
身長：1.91m
登場作品：RO
参照：キャシアン・アンドー、
　　　メリック将軍、
　　　プリンセス・レイア

将軍の
階級章

クローン大戦で戦った歴戦の兵士デイヴィッツ・ドレイヴンは、反乱同盟軍のヤヴィン基地で情報の収集にあたる。上級将校であるドレイヴンは、共和国時代の同僚のほとんどが所属する帝国軍と戦っている。

現場での任務に適した
大きいポケット

ドレイヴンはイードゥーの任務の進行状況に聞き入る──果たしてキャシアン・アンドーは、ゲイレン・アーソを消せという秘密の指令を遂行できるのか？

事実に即して判断をくだす実際的なドレイヴンは、慎重すぎるきらいがある。彼は反乱同盟が得たデス・スターに関する情報は信頼できるとみなすものの、兵器開発の要であるゲイレンを生かしておく必要はないと判断し、見つけしだいアーソを殺すよう部下に命じた。

フラクチャー作戦

ドレイヴンは、科学者ゲイレン・アーソと"帝国の新たな超兵器"に関する断片的な情報を繋ぎ合わせようとする。ゲイレン・アーソを回収する任務は、"フラクチャー（断片）作戦"と名付けられた。

イーマット将軍

反乱軍のベテラン将校

DATA FILE

所属：レジスタンス

出身惑星：不明

種族：人間

身長：1.8m

登場作品：VII、VIII

参照：スタトゥラ提督、C-3PO、
　　　ハン・ソロ、
　　　プリンセス・レイア

反乱同盟軍で戦ったカルアン・イーマットは、レイア・オーガナが創設したレジスタンスにごく初期に加わった将校のひとりである。スターキラー基地作戦のあと少佐から将軍に昇格したイーマットは、惑星クレイトにあるかつての反乱軍基地の塹壕（ごう）から防衛作戦を率いた。

手首に付けた通信装置

ニューロ＝サーヴ社製
TE4.4フィールド・クワッドノキュラー

銀河内戦のさなか、イーマットは反乱軍の特別偵察部隊シュライクスを率いた。この偵察部隊の任務は、反乱同盟にとって安全な基地の候補地や領域を探し、確保し、使用準備を整えることだった。

ブラステック社製
EL-16ブラスター・ライフル

レジスタンスの新兵徴収

レジスタンスが誕生したばかりのころ、イーマットはオーガナ将軍の要請で新兵の勧誘に力を注いだ。将校として新共和国軍籍を置いたまま、レジスタンスに加わりそうな腕利きパイロットに声をかけ続けたのだ。誰にも気づかれずに多くの新共和国軍パイロットをレジスタンスに引き入れたあと、イーマットは新共和国軍を去り、自らもレジスタンス軍に加わった。

GENERAL GRIEVOUS

グリーヴァス将軍

ドロイド軍の総司令官

DATA FILE

所属：分離主義勢力

出身惑星：カリー

種族：カリーシュ（サイボーグ）

身長：2.16m

登場作品：III

参照：ドゥークー伯爵、
　　　オビ＝ワン・ケノービ、
　　　パルパティーン

クローン大戦中、グリーヴァス将軍は分離主義同盟軍の総司令官としてドロイド軍を指揮した。脳や重要な臓器と装甲された機械部分からなるサイボーグのグリーヴァスは、ドロイドと呼ばれることを何よりも嫌う。グリーヴァスは機能を損なわれた肺をかばうため猫背で、ときどきひどい咳の発作に襲われる。

グリーヴァスはオビ＝ワン・ケノービにもろい内臓袋を撃たれ、ついに最期を迎える。

爬虫類種族の目

ライトセーバー用の
ポケット付き
マント

カリーシュの大将軍であるグリーヴァスは、シャトルの墜落事故で重傷を負ったあと、戦闘能力を強化したサイボーグとしてよみがえった。彼はフォースに敏感ではないが、ダース・ティラナス（ドゥークー伯爵）からライトセーバーの戦闘訓練を受けた。

半分に割れる
電気駆動腕

決戦

パルパティーンの救出任務でグリーヴァスと戦ったオビ＝ワン・ケノービは、分離主義勢力の基地があるウータパウで再びこのサイボーグの将軍と対決する。両腕を分割させたグリーヴァスは、4本それぞれにライトセーバーを握ってこのジェダイに襲いかかる。

グリーヴァスは旗艦インヴィジブル・ハンドからドロイド艦隊を指揮し、無謀にもコルサントに奇襲をかける。

ハックス将軍

ファースト・オーダーの将校

DATA FILE

所属：ファースト・オーダー
出身惑星：アーカニス
種族：人間
身長：1.85m
登場作品：VII、VIII、IX
参照：キャプテン・ファズマ、
　　　フィン、カイロ・レン

ファースト・オーダーの若く非情な将校であるハックス将軍は、自分の傘下にある軍隊、その訓練方法、先進テクノロジー兵器に絶大な自信を持っている。レジスタンス殲滅（めつ）を心から願う彼は、恐るべき威力を持つ兵器を嬉々として銀河に解き放つ。

ぴかぴかの将校用バックル

ハックスは著名な帝国軍人の息子として、旧銀河帝国の偉業を賛美しながら育った。ファースト・オーダーに属する多くの人々と同じように、新共和国は権力を強奪した恥ずべき連中で、強力な支配者が銀河を統治すべきだと信じている。

チャコールグレーの将軍の軍服

ハックスは突然、3人のストームトルーパーを撃ち殺して"レジスタンスに情報を送っていたスパイは私だ"と打ち明け、レジスタンスの英雄フィン、ポー・ダメロン、チューバッカを驚愕（きょうがく）させる。

ハックスとカイロ

ハックスは、スノーク亡きあと、カイロ・レンが最高指導者の地位についたことが不満だった。データに重きをおくハックスは、フォースなどというばかげたものを認めていなかったが、レンのダークサイドの力にはまったく歯が立たない。のちにハックスはレンを失脚させようとレジスタンスにこっそり極秘情報を流すものの、裏切りが発覚し、殺される。

断熱ブーツ

メイディン将軍

反乱同盟軍の司令官にして戦術家

DATA FILE

所属：反乱同盟／新共和国
出身惑星：コレリア
種族：人間
身長：1.73m
登場作品：VI
参照：アクバー提督、
　　　モン・モスマ

メイディン将軍は反乱同盟軍特殊部隊の司令官として、エンドアの月に設置された帝国軍のシールド発生装置を破壊する作戦を立てる。彼はまたエンドアの月に潜入する奇襲チームを訓練した。

司令官の記章

反乱軍の軍服用
胴着

ブリーフィングの
書類

軍用
長手袋

メイディン将軍は、エンドアの戦い前のブリーフィングで、この戦いの総司令官であるアクバー提督の作戦を補足する。

クリックス・メイディンは帝国軍の特殊作戦ユニットを率いていたが、のちに離反し、反乱同盟軍に加わった。彼が得意とするのは小規模な地上攻撃だ。メイディンが率いる特殊部隊は、反乱同盟の重大な作戦に欠かせない機材や情報を帝国軍から調達する任務を受け持っている。

反乱同盟軍の助言者

メイディンは、反乱同盟の指導者モン・モスマが頼りにしている相談相手だ。エンドアの戦いに先立ち、メイディンとモスマは反乱同盟軍の本部を兼ねたフリゲート艦ホーム・ワンで、兵士たちにブリーフィングを行う。帝国の崩壊後に誕生した新共和国でも、メイディンは軍の特殊部隊を率いた。

メリック将軍

スカリフの戦いのブルー・リーダー

DATA FILE

所属：反乱同盟
出身惑星：ヴィルジャンシ
種族：人間
身長：1.82m
登場作品：RO
参照：ラダス提督、ドレイヴン将軍

コーンセイヤー社製
K-22995ヘルメット

空気交換
ホース

グイデンハウザー社製
射出ハーネス

アントック・メリック将軍は、衛星ヤヴィン4にある反乱同盟軍マサッシ基地で、同盟軍スターファイター隊を統率している。自身も腕利きパイロットで、スカリフの戦いでは愛機T-65BXウイング・スターファイターに乗りこみ、ブルー中隊を率いた。

メリック将軍は、ヤヴィン4でXウイング、Yウイング、Uウイングのパイロットを指揮していた。スカリフの戦いで初めて"ブルー・ワン"のコールサインを用い、ブルー中隊のリーダーを務めたわずか数人のパイロットの仲間入りを果たすが、彼はこの戦いで惜しくも命を落とした。

思いやりのある指揮官

冷淡なほど現実的なドレイヴンと違い、メリックは部下のパイロットを最優先に考える。必要とあれば躊躇せず各中隊を発進させるものの、彼らの命を不必要に危険にさらすことは決してしない。メリックは、地上部隊を敵地に運ぶため猛攻撃に身をさらすUウイングのパイロットたちを、とりわけ高く評価している。

メリック将軍は飛行任務をこなすだけでなく、反乱同盟評議会で発言権を持つ。

ライカン将軍

エコー基地の反乱同盟軍司令官

ホスのエコー基地の司令官であるカーリスト・ライカン将軍は、帝国軍に発見されることを危惧し、氷の大洞窟を利用して造られた全7レベルにおよぶ秘密基地を常に警戒態勢下においている。生命体のほとんどいない惑星ホスでは、反乱同盟軍の活動は目立つため、探知されかねないことを承知しているからだ。

DATA FILE

所属：反乱同盟
出身惑星：オルデラン
種族：人間
身長：1.8m
登場作品：V
参照：プリンセス・レイア

反乱同盟軍司令官の記章

オーガナ家の養女としてレイアが育った惑星オルデラン出身のライカンは、クローン大戦で共和国のために戦ったのち、反乱同盟の創設メンバーのひとりとなる。オルデランがデス・スターの超兵器で破壊されたときは惑星を離れていたが、この恐ろしい出来事は彼にとって生涯忘れられぬ悪夢となった。

ライカンは味方の輸送船がすべて基地を離れるのを見届けてから、惑星ホスを脱出した。

ユーティリティ・ベルト

反乱同盟軍の防寒ジャケット

司令官用長手袋

断固たる司令官

カーリスト・ライカンは決断力に富む司令官だ。エコー基地が帝国軍に発見されると、味方が基地を脱出する時間を稼ぐため、ベイダーが率いる帝国軍の攻撃をできるだけ遅らせようとする。

ヴィアーズ将軍

ホスの地上攻撃を指揮する帝国軍司令官

DATA FILE

所属：帝国
出身惑星：デノン
種族：人間
身長：1.93m
登場作品：V
参照：オッゼル提督、
　　　ピエット提督

マクシミリアン・ヴィアーズ将軍は、目的を達成するためなら狡猾（こうかつ）な手段も辞さない。きわめて有能なヴィアーズは、帝国軍のなかで急速に頭角を現した。彼は家族を大切にする男で、模範的な帝国軍将校だとみなされている。

ブラスト・ヘルメット

ヴィアーズ将軍は、惑星ホスの反乱同盟軍基地を壊滅させた地上攻撃作戦の立案者だ。ブリザード・フォースと名付けられたこの攻撃部隊で、彼は先頭のAT-AT、"ブリザード・ワン"に自ら乗りこみ、コクピット内からこの攻撃を率いた。

パイロット用
アーマー

任務のデータを収めた
ユーティリティ・ベルト

帝国軍将校の軍服

ヴィアーズ将軍はAT-ATウォーカーの
コクピットで反乱軍を照準に捉える。

非情な野心

ダース・ベイダーに自分の能力を認められたい一心で、ヴィアーズはAT-AT部隊の陣頭指揮を執り、惑星ホスを守る偏向シールド発生装置を首尾よく破壊した。ベイダーが迅速にホスに降りることができたのは、彼の手柄だ。重火器を手にしたスノートルーパーがそのあとに続き、たちまちエコー基地になだれこんだ。

ジオノージアン・ソルジャー

戦闘に特化したジオノージアン・ドローン

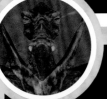

DATA FILE

所属：分離主義勢力
出身惑星：ジオノーシス
種族：ジオノージアン
身長：1.7m
登場作品：II
参照：ドゥークー伯爵、
　　　ポグル・ザ・レッサー

ジオノーシスのソルジャー・ドローンは、ひたすら戦い続けるタフな兵士だ。恐れを克服するよう訓練されているため、粗暴な敵には本来の力を発揮するが、高度な知性を持つ敵に直面すると、たちまち弱点をさらけだす。

傷つきやすい
血管を守る角枝

強力なソニック・
ブラスター

ソルジャー・ドローンは急速に成人し、わずか6歳で戦えるようになる。彼らが携帯しているソニック・ブラスターは、壊滅的な威力を持つソニック弾を発射する。

ジオノージアンは、かつて何十億もの人口を誇っていた。しかし、帝国軍の極秘建造プロジェクトが完成したあと、彼らは実質的に帝国軍に皆殺しにされてしまう。

ソルジャー・ドローンは
飛ぶことも空中に
浮揚することもできる

筋肉の
発達した腿

LR1Kキャノンは、ジオノージアン・ブラスター同様、音波兵器である。

赤いイケタ石は
昔から戦いと
関連がある

厳格な階級制度

階級制度の存在する惑星ジオノーシスは、分離主義勢力にとってはバトル・ドロイドの主な供給源である。ジオノーシスにある巨大な工場では、おびただしい数のドロイドが次々に造りだされていく。

GOR KORESH
ゴア・コレシュ

卑劣な悪党

DATA FILE

所属：犯罪社会

出身惑星：不明

種族：アビシン

身長：1.73m

登場作品：M

参照：グローグー、
　　　マンダロリアン
　　　（マンドー）

アビシンの目に
合わせて改造された
ブラスター・ピストル

ゴア・コレシュは自分が所有する闘技場で危険な格闘試合を企画、運営するほか、さまざまな犯罪行為で金を稼いでいる。儲け話を邪魔する者は誰であろうと容赦なく裏切るか殺すコレシュは、まったく信用ならない男だ。

コレシュの闘技場の
シンボル

ベスカーの値打ちを誰よりもよく知っている男、それがゴア・コレシュだ。マンダロリアン・アーマーを手に入れるためなら手段を選ばず、平気で人をあざむき、盗みを働く。とはいえマンドーことディン・ジャリンは、彼が簡単に出し抜ける相手ではなかった。

まっとうな人物だと
思わせるための
白いジャケット

ギャングのマナー

ディン・ジャリンはほかのマンダロリアンがどこに隠れているかをゴア・コレシュに尋ねる。しかし、このアビシンは、"まずは、あんたの着けてるベスカー・アーマーを格闘試合に賭けろ、勝てば教えてやる"と言いかえす。

マンドーはゴア・コレシュが追いかけてこられないよう、この賭博師を街灯に逆さづりにして立ち去る。

グランドモフ・ターキン

デス・スターの考案者

DATA FILE

所属：共和国／帝国
出身惑星：エリアドゥ
種族：人間
身長：1.82m
登場作品：III、RO、IV
参照：オーソン・クレニック、
　　　パルパティーン

クローン大戦が終わるころには、ウィルハフ・ターキンはすでに政府高官となり、パルパティーンの総督のひとりとして宙域を治めていた。グランドモフとなったターキンは、自分の提唱する "恐怖による支配" の一環として、戦慄すべき超兵器デス・スターの建造を計画する。

反乱軍のXウイングによるプロトン魚雷の一撃がデス・スターの爆発をもたらし、ターキンはこのバトル・ステーションとともに滅びる。

コード・シリンダー

ターキンはこれまで何度となく、きわめて冷酷な手段で反乱を鎮圧してきた。銀河の "優先宙域" の紛争を根絶する責任を負うグランドモフという役職を作ったのも、ターキンである。

帝国高官のディスク

オーソン・クレニックに率いられたデス・スター建造計画はターキン・イニシアチヴと呼ばれている。

恐怖による支配

プリンセス・レイアから反乱同盟軍に不利な情報を無理やり引きだそうと、ターキンはデス・スターのスーパーターボレーザー砲でオルデランを破壊しろと命じる。ターキンは、帝国の辺境に散在する個々の星系すべてに常備軍を置かなくても、デス・スターがもたらす恐怖により銀河の全星系を支配できると考えたのだ。

グリード

ローディアンの賞金稼ぎ

DATA FILE

所属：賞金稼ぎ
出身惑星：ローディア
種族：ローディアン
身長：1.73m
登場作品：IV
参照：ハン・ソロ、
　　　ジャバ・ザ・ハット

頭の突起

赤外スペクトルで
見える大きな目

グリードはジャバ・ザ・ハットのために働くローディアンの賞金稼ぎである。クローン大戦中パパノイダ男爵の娘たち、チェ・アマンウェとチ・エクウェイを誘拐したこともある。モス・アイズリーのカンティーナでハン・ソロを見つけたグリードは、ジャバに代わって借金を取りたてようとしたが、ソロはとうてい彼の手に負える相手ではなかった。

タトゥイーン育ちのグリードは、短気なことで知られていた。ときどき理由もなくけんかをふっかけ、モス・エスパに住んでいるアナキン・スカイウォーカー少年と殴り合いになったこともあった。

ブラスター・
ピストル

身になじんだ
飛行スーツ

グリードの最期

混みあったカンティーナで起こったグリードとハン・ソロの争いは、まずグリードがソロにブラスターを向けたことから始まった。ソロが金はあるがここにはないと応じると、ブラスターが炸裂し──グリードがテーブルの上に突っ伏した。ソロは口止め料としてバーテンダーに何枚か硬貨を投げ、立ち去った。

器用な
長い指

グリーフ・カルガ

ネヴァロの執政官

DATA FILE

所属：賞金稼ぎギルド

出身惑星：ネヴァロ

種族：人間

身長：1.88m

登場作品：M

参照：キャラ・デューン、
グローグー、
マンダロリアン（マンドー）

グリーフ・カルガは、帝国残存勢力のために正体不明の "獲物" を回収する任務をマンドーに斡旋する。

執政官の記章メダリオン

手袋の内側には
通信装置が隠されている

ブラスター・ピストル

グリーフ・カルガはかつてネヴァロでギルドのエージェントとして賞金稼ぎに仕事を斡旋していたが、現在はこの惑星の犯罪組織を一掃することに力を注いでいる。また、彼はネヴァロから帝国軍を追いだすためなら、どんなことでもする覚悟だ。

グリーフ・カルガはマンドーを裏切り、グローグー（ザ・チャイルド）を帝国残存勢力に引きわたすつもりだった。しかし、毒に感染して死にかけていたときにグローグーに命を助けられ、気が変わる。

新たな指導者

ネヴァロにはびこる悪党や犯罪者を排除し、管轄地域に住む人々の手助けをするのが、執政官の仕事だ。カルガはまず、地元の子どもたちのための学校作りに着手する。

執政官の
公式なマント

グローグー

謎に包まれたフォース感応者

DATA FILE

所属：マンダロリアン（マンドー）

出身惑星：不明

種族：不明

身長：34cm

登場作品：M

参照：アソーカ・タノ、
　　　ルーク・スカイウォーカー、
　　　マンダロリアン（マンドー）

緑色の肌をした小柄な幼児グローグーは、アーヴァラ7でマンドーに発見された。ふたりはすぐに心を通わせ合い、帝国残存勢力に追われながらさまざまな危険を乗り越える。グローグーの生い立ちは謎に包まれているが、フォースがとても強いことはたしかだ。

好奇心旺盛な
子どもらしい表情

種族特有の
大きな耳

大きな茶色い瞳

グローグーは惑星コルサントのジェダイ・テンプルで育てられていたが、あるとき何者かに連れだされる。フォースとの繋がりが強いグローグーは大きな力を発揮することができるものの、そのあとはぐったりしてしまう。

粗布のローブ

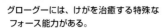

グローグーには、けがを治癒する特殊な
フォース能力がある。

家族

マンドーとグローグーは、父と息子に近い関係を築く。伝説のジェダイ・ナイトのルーク・スカイウォーカーがグローグーを弟子にするため到着すると、マンドーはグローグーの前で初めてヘルメットをはずし、彼に別れを告げる。

グラムガー

猛獣ハンター

DATA FILE

所属：なし
出身惑星：不明
種族：ドゥーティン
身長：2.7m
登場作品：VII
参照：バジーン・ネタル、
　　　マズ・カナタ

猛獣ハンターでもある傭兵のグラムガーは、戦利品に目がない。野獣のような巨体に見合うエゴを持つ彼は、パートナーのバジーン・ネタルが実は腕利きのスパイで、そばにいるのは自分から情報を引きだすためだとは夢にも思っていなかった。

狩りの場

グラムガーは、ワイルド・スペースや未知領域に足を踏み入れる探検家や斥候隊から狩りの情報を仕入れたくて、マズ・カナタの城に頻繁に顔をだす。捕食動物が闊歩する未開の惑星の話を聞くのが何よりの楽しみで、彼自身も巨体に負けない大げさなほら話をたずさえて狩りの旅から戻ってくる。

プラストイドの
アーマー・プレート

グラムガーは無節操な男だが、知性のある獲物を狩るのは避けている。賞金稼ぎの仕事よりも、野生の猛獣を狩るほうが性に合うからだ。そうはいっても、密猟を防止するための規則は喜んで破るばかりか、珍しい獲物を手に入れようと絶滅寸前の動物を追いかけて保護区に踏みこんだことも一度や二度ではない。

グアヴィアン・セキュリティ・ソルジャー

犯罪組織のエリート用心棒

DATA FILE

所属：グアヴィアン・デス・ギャング

出身惑星：不明

種族：改造人間

身長：さまざま

標準装備：パーカッシブ・
　　　　　キャノン

登場作品：VII

参照：バラ＝ティク、
　　　カンジクラブ・
　　　　ギャング

中央センサーと送信ディッシュ

ゴージット・アーマー

グアヴィアン・デス・ギャングに仕えるセキュリティ・ソルジャーは、サイバネティクスで身体能力を強化され、耐衝撃性アーマーを身に着けている。犯罪者のなかでも突出した攻撃性を誇る彼らは、顔もなく、声もなく、無慈悲な殺し屋なのだ。

パーカッシブ・キャノン

弾薬を入れたポーチ

伸縮する装甲すね当て

違法かつ非人間的

セキュリティ・ソルジャーの脚に埋めこまれた動脈シャントは、第二の心臓のように、必要に応じてソルジャーのスピードと攻撃性をあげるべく秘方の化学物質を体内に送りこむ。闇市で仕入れたプロトタイプ兵器を携帯するソルジャーは、そのすべてが自然の法則に反する危険な存在だ。

HAN SOLO
ハン・ソロ

密輸業者から戦争の英雄へ

DATA FILE

所属 ： 反乱同盟／レジスタンス
出身惑星 ： コレリア
種族 ： 人間
身長 ： 1.8m
登場作品 ： S、IV、V、VI、VII、IX
参照 ： チューバッカ、
　　　　プリンセス・レイア、キーラ

ハン・ソロは 12 パーセク足らずで悪名高いケッセル・ランを飛んだと言われている。

ナーフ革のジャケット

海賊にして密輸業者、ときに傭兵ともなるハン・ソロは、忠実な一等航海士のチューバッカとともに、銀河で最速の宇宙船とも言われるミレニアム・ファルコンを飛ばす。ときには無茶をするものの、反乱同盟軍に加わったソロは天性のリーダーであることを証明する。

ソロの人生は変化の連続だったと言っても過言ではない。自分の運は自分で切り開くものだと信じ、若いころから、ほとんど身ひとつで気の向くまま生きてきた彼は、年を重ね、賢くなったあとも、平和な暮らしにどこかなじめない。恐ろしい悲劇に見舞われたあと、ソロは再び、法と秩序に従わない無頼な暮らしに戻る。

奇襲部隊
ハン・ソロは、チューバッカとレイアを含む反乱同盟軍の一隊を率いてエンドアの月に赴く。帝国軍のシールド発生装置を破壊するこの危険な任務で、ソロはプリンセス・レイアにならず者の意地を見せた！

アクション・ブーツ

IG-11

子守ドロイドに転身した賞金稼ぎ

DATA FILE

所属：賞金稼ぎギルド
型：アサシン・ドロイド
製造企業：ホロワン・メカニカルズ
体高：2.19m
登場作品：M
参照：グローグー、IG-88、
　　　クイール、
　　　マンダロリアン（マンドー）

内部の神経処理ユニットを
守るプレート

IG-11は暗殺を専門とする無情なアサシン・ドロイドだったが、アグノート種族のクイールに再プログラムされ、彼を守る忠実なアシスタントとなった。優れたブラスター射撃技術を持つIG-11は、どんな仕事でも最高の相棒となる。

弾帯

バクタ・スプレー保管スペース

IG-11は、アーヴァラ7で謎の賞金首を回収しようと賞金稼ぎどうしで争っているさなかにマンドーと出会う。

DLT-20A
ブラスター・ライフル

身代わり

IG-11と彼の仲間たち、キャラ・デューン、グリーフ・カルガ、グローグー、マンドーは、ネヴァロで溶岩の川をくだり帝国残存勢力から逃れる。しかし、ストームトルーパーの一隊が前方で待ち伏せしていることに気づいたIG-11は、先手を打つ——グローグーを守るため、自爆プログラムを起動して友人たちを救ったのだ。

IG-11はアーヴァラ7でマンドーに破壊されたが、その後クイールに発見された。手先が器用なクイールはIG-11を修理して"生き返らせ"、このドロイドに思いやりと人助けの精神を教えこんだ。

IG-88

極悪非道な暗殺ドロイド

DATA FILE

所属：賞金稼ぎ
型：アサシン・ドロイド
製造企業：ホロワン・メカニカルズ
体高：1.96m
登場作品：V
参照：ボバ・フェット、
　　　ダース・ベイダー、IG-11

多彩な武器で重武装したアサシン・ドロイドIG-88は、ホスの戦いの直後、ミレニアム・ファルコンを拿捕するためにダース・ベイダーに雇われた。非情なハンターとして悪名高いIG-88は、IGシリーズを開発したフラット・デザイン・システムズ社（のちに倒産し、その設計プランをホロワン・メカニカルズ社が買収した）の名にちなみ、フラットドロイドとも呼ばれる。

熱センサー

ボコーダー

弾帯

IG-88は不完全なプログラミングにより、獲物を狩り、殺すことに異常な執着を示す。設計段階のIGシリーズは、両腕にそれぞれブラスターが内蔵されることになっていたが、結局どちらにも組みこまれなかった。

ボバ・フェットを追ってクラウド・シティにやってきたIG-88は、フェットに見つかり、スクラップ行きを待つはめになる。

アウトロー

IG-88はベイダーの旗艦エグゼクターで、人間、エイリアン、ドロイドからなる寄せ集めの賞金稼ぎたちに加わった。そのうちのひとり、ボバ・フェットは、長年のライバルだ。クローン大戦が終わると、IG-88のようなアサシン・ドロイドは違法とされたが、相変わらず銀河のあちこちで仕事を請け負っている。

パルス・キャノン

防酸サーボ・ワイヤー

インペリアル・レッド・ガード

パルパティーンの衛兵

DATA FILE

所属：共和国／帝国

出身惑星：不明

種族：人間

身長（平均）：1.83m

標準装備：フォース・パイク

登場作品：II、III、RO、VI

参照：ダース・ベイダー、
　　　パルパティーン

顔全体を覆う
遮光バイザー付き
ヘルメット

レッド・ガードは、銀河元老院を警備する青いローブ姿のセネト・ガードに取って代わる存在となった。

フォース・パイク

合成皮革製の戦闘用手袋

武器を隠す長いローブ

ロイヤル・ガードとも呼ばれるレッド・ガードは、パルパティーン皇帝のボディガードである。パルパティーンが元老院の最高議長に就任した直後から、彼のいるところには常にレッド・ガードの姿がある。

些細な行き違い

第2デス・スターにある皇帝の謁見室に入ろうとしたベイダーは、モフ・ジャージャロッドとふたりのレッド・ガードに止められ、死なない程度にジャージャロッドの首を絞めた。

レッド・ガードは振動刃を備えたフォース・パイクを使い、命防を正確に狙って敵防備を与える。パルパティーンはレッド・ガードの扱うべき軌道刃川線の範囲を、一唇ごとの働きがある、として明かそうとしない。

INCINERATOR TROOPER
インシネレーター・トルーパー

火炎放射を専門とするストームトルーパー

DATA FILE

所属：帝国／帝国残存勢力
出身惑星：さまざま
種族：人間
身長（平均）：1.83m
標準装備：D-72w
　　　　　オプレッサー火炎放射器
登場作品：M
参照：モフ・ギデオン、
　　　ストームトルーパー

耐熱性
アーマー

インシネレーター・トルーパーは、炎を使う厳しい戦闘訓練を経た特殊ユニットに所属している。

この特殊ユニットに属していることを示す赤いマーキング

D-72w
オプレッサー
火炎放射器

頻繁に熱が通るため、加熱を防ぐ通気冷却ベントが付いている

帝国残存勢力に所属するインシネレーター・トルーパーは、すさまじい威力を誇る火炎放射器で武装している。これを使うと、敵軍の障壁やビークル、隠れ場所をたちまち焼き尽くすことができる。

すね当て

クラヤブラスト・コーティングが施されたインシネレーター・トルーパーのアーマーは、通常のストームトルーパーのアーマーよりも防護性が高い。また耐熱性もあり、対象物に対して安全に火炎を放射できる。

構え、狙え、撃て

モフ・ギデオンは、キャラ・デューンとグリーフ・カルガ、マンドーたちをネヴァロのカンティーナに足止めし、インシネレーター・トルーパーを送りこんだ。トルーパーはカンティーナ内に灼熱の炎を放射するものの、グローグーがフォースを使ってその炎を兵士に押しかえす。

ジャバ・ザ・ハット

悪名高き犯罪王

DATA FILE

所属：ハット大評議会
居住惑星：タトゥイーン
種族：ハット
身長：3.9m
登場作品：I、IV、VI
参照：ビブ・フォーチュナ、
　　　サレシャス・B・クラム

見るからに醜怪な犯罪王ジャバ・ザ・ハットは、強大な犯罪帝国を支配している。彼は優れたビジネスセンスで長年にわたりさまざまな取り決め、脅迫、ゆすり、殺しを行いながら、着実に違法な事業を拡張し、現在は、辺境の砂漠の惑星タトゥイーンにある宮殿で邪悪な暮らしを楽しんでいる。

ハットの皮膚は
油と粘液を分泌する

筋肉質の体は
ナメクジの
ように動く

ジャバはタトゥイーンにあるモス・エスパ・アリーナの貴賓席で、ブーンタ・イヴ・クラシックを観戦した。

支配者
宮殿の玉座に座ったジャバは、取り巻きをはべらせ、残忍きわまりない悪事を主宰する。多くの賞金稼ぎやならず者が、仕事を求めてこの宮殿を訪れる。

ジャバは銀河最大の犯罪帝国のひとつ、ハット大評議会の議長だが、その拠点であるナル・ハッタよりもタトゥイーンを好むため、評議会ではガーデュラ・ザ・ハットが彼の代理を務めることが多い。クローン大戦中、ジャバは息子のロッタを誘拐犯の手から救出することを条件に、共和国がハット領域内のハイパースペース・レーンを使うことを許可する。

IAN DODONNA
ジャン・ドドンナ

ヤヴィン4の反乱同盟軍司令官

DATA FILE

所属：反乱同盟
出身惑星：コメナー
種族：人間
身長：1.83m
登場作品：RO、IV
参照：ルーク・スカイウォーカー、
　　　モン・モスマ、
　　　プリンセス・レイア

反乱同盟軍の優れた戦術家であるジャン・ドドンナ将軍は、ヤヴィンの戦いでデス・スター攻撃の指揮を執る。ドドンナは、無敵とされるこの戦闘ステーションの唯一の弱点が隠されている場所を特定する。それは主反応炉へとまっすぐに伸びている小さな排熱孔だった。

帝国の支配が始まると、ジャン・ドドンナは反乱同盟軍に加わり、自分の技術と専門知識を生かして貢献する。ヤヴィンの戦いのあと、ドドンナは反乱同盟軍の次の基地の候補地探しに尽力した。

地上支援

初代デス・スターを攻撃中、ドドンナはヤヴィンの地表から味方のパイロットを援護した。彼の戦略が成功すれば、反乱同盟軍は、直径160キロメートルを超える巨大な戦闘ステーションを、わずか30機のスターファイターで破壊することができるのだ。

反乱同盟軍
戦術家の軍服

ドドンナ将軍はヤヴィン4にある反乱同盟軍基地の司令室で、集まったパイロットに自分の作戦を簡潔に説明する。

ジャンゴ・フェット

クローン・トルーパーに遺伝子を提供した男

DATA FILE

所属：賞金稼ぎ／分離主義勢力
出身惑星：不明
種族：人間
身長：1.83 m
登場作品：II
参照：ボバ・フェット

アイ・センサーの
おかげで
背後も見える

分割型アーマー・
プレートが柔軟な
動きを可能にする

優れたパイロットであるジャンゴ・フェットは、幼いうちから息子のボバに操縦を教える。

ジャンゴ・フェットは、マンダロリアン戦士に育てられたファウンドリングと呼ばれる孤児である。マンダロリアン内戦で戦ったあと、賞金稼ぎを生業とするようになった彼は、共和国の末期には、銀河でもっとも腕の立つ賞金稼ぎという評判を手にしていた。

ガントレットのダーツ・シューター

ジャンゴ・フェットは、ジオノーシスの小惑星帯でオビ＝ワン・ケノービのジェダイ・スターファイターを攻撃する。

分割型
アーマー・プレート

恐るべき敵

オビ＝ワン・ケノービとの戦いで、ジャンゴ・フェットはジェットパックを使って空中高く舞いあがる。ニーパッド・ロケット・ランチャーをはじめ、ダーツ・シューター、ウィップコード発射装置、収納式リスト・ブレードを仕込んだガントレットなど、フェットは多くの武器を身に着けている。

究極の戦士というジャンゴ・フェットの評判を耳にしたドゥークー伯爵は、分離主義勢力が秘密裏に計画中の軍隊に彼を利用することにした。その結果、ひとり残らずジャンゴ・フェットの遺伝子を持つクローン・トルーパーからなる軍隊が誕生した。フェットはその見返りとして高額の報酬だけでなく、遺伝子操作を行わないクローンをひとり要求し、息子として育てた。

JANNAH
ジャナ

第77中隊のリーダー

DATA FILE

所属：第77中隊／レジスタンス

居住衛星：ケフ・バー

種族：人間

身長：1.68m

登場作品：IX

参照：フィン、
　　　ランド・カルリジアン、
　　　ポー・ダメロン

マクノバイノキュラー・ゴーグル

ジャナとフィンは、自分たちが幼いときにさらわれ、ファースト・オーダーに仕えるよう洗脳されたという共通の過去を持つことを知る。

自分で組みたてた弓

ジャナはケフ・バーで、罪もない一般市民を殺す命令を受けたあとファースト・オーダーから離反したストームトルーパーの部隊を率いている。フィンたちの乗ったミレニアム・ファルコンが地表に不時着すると、ジャナはすぐさま助けの手を差しのべ、のちのエクセゴルの戦いでも重要な役割を果たした。

腕のたつ戦士

スター・デストロイヤー、ステッドファスト上で行われる"地上"戦に備え、ジャナはフィンをはじめとするレジスタンスのメンバーにオーバクの乗り方を教える。エクセゴルの戦いでは、手作りの弓でシスのジェット・トルーパーを撃ち落とした。

ファースト・オーダーを脱走したジャナと第77中隊のメンバーは、エンドアの月のひとつであるケフ・バーに住みつく。ジャナたちは、ファースト・オーダー時代に使っていたパーツや第2デス・スターの残骸から回収した機材、ケフ・バーの地表で採れるものを組み合わせて生活に必要な物を作り、素朴な生活を営んでいる。

防水サンダル

ジャー・ジャー・ビンクス

落ちこぼれグンガンから元老院議員に

DATA FILE

所属：グンガン軍／共和国

出身惑星：ナブー

種族：グンガン

身長：1.96m

登場作品：I、II、III

参照：パドメ・アミダラ、
　　　クワイ＝ガン・ジン

飾りを兼ねた
ハイル（耳たぶ）

ジャー・ジャー・ビンクスはナブー出身の両生類種族、グンガンだ。ナブーがトレード・フェデレーションに侵略されたとき、ジェダイのクワイ＝ガン・ジンと出くわしたジャー・ジャーは、彼に命を助けられた。ジャー・ジャーはその後、グンガン軍の将軍となり、やがて銀河元老院で議員代理を務めるようになる。

ジャー・ジャーはナブーの戦いに張りきって臨んだが、不器用なせいで最初は助けになるよりも味方の邪魔になった。

リサイクルした
伸縮性のある
グンガン・パンツ

クローン大戦中、ジャー・ジャーは多くの外交任務で共和国を訪れる。

泳ぎに適する筋肉の
発達したふくらはぎ

沼の虫が這い
あがってこないよう
足首が締まった
ズボン

本人には決して悪気はないのだが、ジャー・ジャーは頻繁にハプニングを起こす。疑うことを知らぬ彼には、元老院代議員という役目は少々荷が重いかもしれない。ナブーの人々が資格よりも心の純粋さに重きをおいているのは、ジャー・ジャーにとっては幸運だったと言えよう。

善意の行動

パドメが不在のため、ジャー・ジャーはナブーの代表として元老院議会に出席する。そこで彼は最善の選択だと信じて、分離主義勢力の脅威に立ち向かうためパルパティーン最高議長に非常時大権を与えようと提案し、銀河の未来を変えることになった。

138

ジャワ

ロープを着たジャンク商人

DATA FILE

所属：なし
出身惑星：タトゥイーン
種族：ジャワ
身長（平均）：1m
登場作品：I、II、IV、VI、M、IX
参照：R2-D2、タスケン・レイダー

ぎらつく
陽射しを防ぐ
分厚いフード

光る目

イオナイゼーション・
ブラスター

弾帯

タトゥイーンに住むジャワは、鉄くずから、迷子のドロイド、捨てられた機材や部品まで、ありとあらゆるものを回収する。ジャワが商いのため町はずれに到着すると、ドロイドはその周囲に近づくのを避け、住民は自分たちのランドスピーダーを注意深く見守る。ジャワがいるときは、いつのまにか物がなくなってしまうのだ！

臆病だが貪欲なジャワは、地面まで届くフード付きの茶色いロープで、タトゥイーンの地表に照りつける双子の太陽から身を守る。彼らは好んで暗い岩場の亀裂に隠れるが、フードのなかで光る目のおかげで明かりには不自由しない。げっ歯類のような顔は、ジャワ以外の種族には非常に醜く見える。

一部の勇敢なジャワはタトゥイーンを出て、アーヴァラ7などの惑星に移った。

砂漠の掘り出し物

砂漠で迷った不運なドロイドや、くず鉄として捨てられたドロイドは、ジャワにとっては格好の回収品となる。彼らは見つけたものを片っ端からサンドクローラーへと運び、大昔、採鉱に使われたこの古めかしい輸送車の磁気吸引チューブで、"拾った"ドロイドを内部に引きこむ。

ジェス・パバ

レジスタンスのスターファイター・パイロット

DATA FILE

所属：レジスタンス
出身惑星：ダンドラン
種族：人間
身長：1.69m
登場作品：VII
参照：ナイン・ナン、
　　　ポー・ダメロン、
　　　スナップ・ウェクスリー

テスターとも呼ばれるジェス・パバは、レジスタンスの若く勇敢なパイロットだ。ファースト・オーダーのスターキラー兵器を破壊する重要な任務では、戦闘機中隊のブルー3としてスナップ・ウェクスリーやポー・ダメロンらとともに敵の基地を攻撃する。

断熱ヘルメット

インフレータブル
飛行ベスト

"インターステラー・
オレンジ"と呼ばれる色

きわめて人員が不足しているレジスタンスでは、どのメンバーも複数の仕事をこなさねばならない。ジェスはスターファイターの操縦以外に、ディカー基地でアストロメク・ドロイドの目録作りも手伝っている。

脱出用ハーネス

伝説

レジスタンス内の多くの人々同様、ジェスはかつて活躍した伝説的なパイロットに憧れている。スターキラー基地上空で繰り広げられる戦いに勇敢に飛びこんだジェスは、圧倒的なファースト・オーダー防衛軍に直面するものの、反乱軍の英雄パイロットたちの先例に倣（なら）い、任務を続行する。

ジン・アーソ

独立心旺盛な反乱者

DATA FILE

所属：ソウ・ゲレラのパルチザン／
　　　反乱同盟

出身惑星：ヴァルト

種族：人間

身長：1.6m

登場作品：RO

参照：キャシアン・アンドー、
　　　ゲイレン・アーソ、
　　　ライラ・アーソ、
　　　ソウ・ゲレラ

ジン・アーソは、人生で大切な人全員に捨てられた過去を持つ。すべて彼女の身を守るためではあったが、それがわかっていてもたいして慰めにはならなかった。その経験で心に傷を負ったジンは、他人をあてにせず、反抗的で、人を信用しない人間になった。

メカニック用の
絶縁ベスト

まだ幼いときにひとりぼっちになったジンは、さまざまな犯罪行為に手を染め、過酷な世界を生き延びる術を学ぶ。ソウ・ゲレラのパルチザンの一員として接近戦や射撃、即席の武器を使って戦う能力を磨きながら、ジンは常に、帝国にひと泡吹かせるチャンスを狙っている。

盗んだ武器

わずか8歳のときに家族と離れ離れになったジンは、いつでも逃げだす覚悟を持って生きてきた。

思いがけない仲間

反乱同盟にはジンの助けが必要だったが、どちらも相手を信用していなかった。反乱軍の利益と自分の利益が一致すれば協力するつもりだが――ジンには、自分のやり方を曲げるつもりは毛頭ない。

K-2SO

K-2SO

再プログラムされた帝国軍セキュリティ・ドロイド

K-2SOは、外見が帝国軍の保安ドロイドであるため、反乱軍基地を歩き回っている姿が目に入ると、みなぎょっとする。だが、ドロイドはプログラミングがすべてだ。キャシアン・アンドーに改造されて以来ずっと、K-2SOは反乱軍に忠実に仕えている。

DATA FILE

所属：帝国／反乱同盟

型：KXシリーズ・セキュリティ・ドロイド

製造企業：アラキッド・インダストリーズ

体高：2.16m

登場作品：RO

参照：キャシアン・アンドー、ジン・アーソ

帝国のシンボル

プライマリー・プログロミング・ポートのアクセス扉

リング状の関節

内部回路を変更し、再プログラムしたことで副作用もあった。K-2SOは、たとえいかに無礼あるいは不適切であろうとも、自分の意見をはっきり口にし、自分がつまらないと思う任務に従わなくなったのだ。

スカリフの情報保管庫にあるデス・スターのファイルを捜索中、K-2SOはかつて仕えた帝国軍に関する知識を利用する。

帝国軍人のふり

K-2SOは惑星スカリフの帝国安全管理施設で周囲に溶けこむために、ジン・アーソやキャシアンのように軍服を盗む必要はない。同種のセキュリティ・ドロイドと外見がまったく同じK-2SOは、盗んだ帝国軍貨物シャトルから大手を振って出ていき、厳重に警備されている施設内を堂々と歩きまわることができる。

カンジクラブ・ギャング

辺境の無法者

DATA FILE

所属：カンジクラブ

出身惑星：ナル・カンジ

種族：人間

身長：さまざま

標準装備：寄せ集めの
　　　　　パーツで作られた
　　　　　改造ブラスター

登場作品：VII

参照：ラズー・クイン＝フィー、
　　　タス・リーチ

カンジクラブの構成員は、かつてハット
の犯罪王たちに支配されていた惑星ナル・カ
ンジで奴隷として働かされていた入植者た
ちである。その後、彼らは反乱を起こし、自
分たちを迫害していたハットたちを殺して、強盗
や追剥ぎを働く悪名高いギャング団を作った。

ボイラー・ライフル

パッド入りアーマー

ヴォルザング・リー＝スラルは、ティ
バナ入りボイラー・ライフルを携帯
している。これは火力を倍加す
るために、爆発性のティバナ・
ガスを詰めた強力なブラス
ター・ライフルだ。この改
造が危険かつ違法であること
は言うまでもない。

武器を隠している
脚のポーチ

恐るべき戦士たち

ハットに支配され、強制労働を強いられていた
ころ、ナル・カンジの人々は間に合わせの武器
を使った格闘術を編みだした。現在でもカンジ
クラブの面々はこの歴史に敬意を表し、改造し
たアーマーや武器を使用する。カンジクラブに
多額の借金をしたハン・ソロは、彼らを甘く見
てはいけないと思い知ることになった。

キ＝アディ＝ムンディ

KI-ADI-MUNDI

セレアンのジェダイ・マスター

DATA FILE

所属：ジェダイ
出身惑星：セレア
種族：セレアン
身長：1.98m
登場作品：I、II、III
参照：ヨーダ

第二の心臓に補助された大きな脳

論理的で系統だった考え方をするキ＝アディ＝ムンディにも、ジェダイの行く手に待つ、想像を絶する裏切りを予見することはできなかった。

セレアのカフ

セレア出身のジェダイ・マスター、キ＝アディ＝ムンディの頭は、ドーム型に高く盛りあがっている。そのなかには複雑なバイナリ脳が収まっているのだ。クローン大戦中、ムンディはジェダイの将軍として、ジオノーシスなどさまざまな惑星で戦う。

突然の裏切り

ムンディはクローン・コマンダーのバカーラとともに、多くの戦いを経験してきた。マイギートーにおける戦いもそのひとつだ。しかし、オーダー66が発令されると、一緒に戦っていたクローン・トルーパーたちが、いきなり彼にブラスターを向けた。ムンディは必死に防戦するが、ついに力尽きる。

旅行用ポーチ

セレアの戦闘ブーツ

思慮に富んだジェダイのキ＝アディ＝ムンディは、必要とあれば、見事な戦闘技術で果敢に戦うが、アナキン・スカイウォーカーとアソーカ・タノの向こう見ずな性格に眉をひそめる。

キ＝アディ＝ムンディはジェダイ評議会のメンバーであり、大いに尊敬されるジェダイだ。

キット・フィストー

ノートランのジェダイ・マスター

DATA FILE

所属：ジェダイ

出身惑星：グリー・アンセルム

種族：ノートラン

身長：1.96m

登場作品：II、III

参照：メイス・ウィンドゥ

勇猛な戦士であるジェダイ・マスター、キット・フィストーは、恐ろしい処刑アリーナから仲間のジェダイを救出するためジオノーシスへ向かった、200名のジェダイのひとりだ。クローン大戦中、彼はジェダイ評議会のメンバーとしてさまざまな決議にたずさわるとともに、多くの戦いに臨んだ。

暗がりでも見える目

化学反応の識別特性（シグネチャー）を感知する触覚

グリー・アンセルム出身の両生類種族ノートランであるキット・フィストーは、地上でも水中でも生きられる。非常に敏感な頭の触角は、相手の感情を感知する。戦いの場で敵の不安や迷いを察知できるこの能力により、フィストーは戦いで即座に優位に立つことができる。

ジェダイのローブ

倒れたジェダイ

ジェダイのほとんどは遠い惑星で戦っていたが、メイス・ウィンドゥはパルパティーンの逮捕に際して、キット・フィストーも含め、ライトセーバーの戦いに熟達した3人をともなうことができた。しかし、ウィンドゥの世代のジェダイにはシス卿と戦った者はほとんどおらず、フィストーはシディアスの赤い光刃に倒れた。

キット・フィストーは、ジオノーシスの戦いでクローン・トルーパーの特殊部隊を率いる。

クラウド

気のいいメカニック

DATA FILE

所属：レジスタンス

出身惑星：不明

種族：トロダトーム

身長：1.89m

登場作品：IX

参照：チューバッカ、フィン、
　　　ポー・ダメロン

眼柄は頭と別に
動かすことができる

感覚機能のある触覚

ミレニアム・ファルコン内で、クラウドはポー・
ダメロンとチューバッカの役に立とうと最善を
尽くす。

筋肉質な体

トロダトーム種族のクラウ
ドは、ちょっとした手違いにより
ローズ・ティコの指揮するメカ
ニック・クルーに加わった。鋭い
知性を持ち、楽観的なクラウドは、
レジスタンスの貴重な新メンバー
となる。

仲間のひとり

クラウドが話す複雑な言語は、
パイロットのスナップ・ウェク
スリーを含む一部の者にはほ
とんど理解してもらえない。し
かし、古い機械システムを修理
する才能を認められると、クラ
ウドは自分がみんなの仲間入
りを果たしたような気がする。

トロダトームには腕がないものの、
感覚機能のある触覚が8本あり、そ
れを使って物をつかんだり動かした
りすることができる。シンタ・グレ
イシャー・コロニーに向かう途中、
ポー・ダメロンはファルコンのエネ
ルギー・サージの修理をクラウド
に頼んだ。

足ひれは、
内側のほうが短い

コー・セラ

新共和国とレジスタンスの仲介者

ファースト・オーダーに対して攻撃的な姿勢をとり、政治的に孤立することになったレイア・オーガナだが、その後もコー・セラのような人物を仲介役にして、新共和国政府と連絡を取り続けている。

DATA FILE

所属：レジスタンス

出身惑星：不明

種族：人間

身長：1.65m

登場作品：VII

参照：アクバー提督、
　　　スタトゥラ提督、
　　　プリンセス・レイア

中佐の階級章

レジスタンスの将校用軍服

レジスタンスの将校の軍服に身を包んだコー・セラは、新共和国の平和主義者たちに、ときとして戦争は避けられないものだという不快な事実を思いださせる。ファースト・オーダーに関するレイア・オーガナの警告を受けとった新共和国は、レイアを主戦論者だと非難する。

自信に満ちた姿勢

レジスタンスの声

新共和国の政治家の娘として育ったにもかかわらず、コー・セラはレイア・オーガナの大義を信じるようになり、有能な外交官として、いまにも連絡が途絶えそうな元老院とレジスタンスとの懸け橋となっている。状況がこれまでになく悪化すると、レイアは新共和国に助けを求めるため、首都ホズニアン・プライムにセラを送った。

コスカ・リーヴス

マンダロリアンの戦士

DATA FILE

所属：マンダロリアン

出身惑星：不明

種族：人間

身長：1.7m

登場作品：M

参照：アックス・ウォーヴス、
　　　ボ＝カターン・クライズ、
　　　マンダロリアン（マンドー）

家族から
受け継いだ
アーマー

武器を隠した
マンダロリアンの腕甲

ウェスター・ブラスター・ピストル

ダート・ランチャー

耐候性グローブ

マンドーのアーマーを狙う漁船の船員たちが凶暴なママコアのいる水槽にグローグーを突き落とすと、コスカはまったく恐れることなく水槽のなかに飛びこみ、この肉食の水生クリーチャーを倒してグローグーを助けだした。

ボ＝カターン率いるナイト・アウルに属しているコスカ・リーヴスは、マンダロリアンのクライズ氏族に属す勇敢な戦士だ。素晴らしい戦闘技術を誇り、とくに近接格闘術を得意とするコスカは、ボ＝カターンとともにダークセーバーと呼ばれる古代のライトセーバーを捜している。

コスカ・リーヴスを含む意外な取り合わせのグループが、モフ・ギデオンの手に落ちたグローグーの救出に駆けつける。

マンダロリアンのチーム

搭載された兵器をマンダロア奪回に使うため、コスカ・リーヴス、マンドー、ボ＝カターン、アックス・ウォーヴスの4人は、帝国軍クルーザーを急襲する。

クイール

平和を好むアグノートの水分農夫

DATA FILE

所属：（元）帝国／なし（独立）
出身惑星：アーヴァラ7
種族：アグノート
身長：1.45m
登場作品：M
参照：グローグー、IG-11、
　　　マンダロリアン（マンドー）

溶接時に
目を保護する
ゴーグル

アーヴァラ7にひとりで暮らすクイールは、ほぼどんな機械でも修理できる、穏やかで思慮深い男だ。アーヴァラ7の住民や友人たちが平和に暮らすことを願う彼は、グローグーを守ろうとするマンドーに手を貸す。

保護用の耳あて

付加ツールが
入ったポーチ

モフ・ギデオンとその配下の帝国残存勢力部隊からグローグーを守るため、クイールはレイザー・クレストへと急ぐ。

植物の繊維で
できたズボン

素晴らしい職人技

クイールは人間の一生の何倍もの年月を強制的に働かされたあと、ようやく帝国から自由になった。手先が器用で、多種多様なテクノロジー機器を組みたて、修理し、その性能を高める才能に恵まれたクイールは、誰にとっても頼れる味方であり、よき相棒となる。

クイールは周囲の人々の長所を引きだす才能がある。IG-11はその好例だと言えよう。彼はこのアサシン・ドロイドを、人を破壊するのではなく保護するようにプログラムし直し、有能なアシスタントに変えたのだ。おかげでIG-11は、お茶を淹れる、クイールが飼うブラーグの世話をする、グローグーの面倒を見るなど、細やかな気遣いが必要な任務をこなせるようになった。

頑丈な作業ブーツ

KURUK
クラク

レン騎士団の名狙撃手にしてパイロット

DATA FILE

所属：レン騎士団（ナイツ・オブ・レン）
出身惑星：不明
種族：不明
身長：1.79m
登場作品：VII、IX
参照：アプレク、カード、
　　　カイロ・レン、トラッジェン、
　　　アシャー、ヴィクラル

これらの
パネルで
視界を狭め、
標的に
集中する

多くのファースト・オーダー・トルーパーが、レン騎士団の存在と、最高指導者カイロ・レンと騎士団の緊密な関わりを恐れている。

腕きき狙撃手のクラクは、攻撃時にレン騎士団の仲間を援護する。彼のカスタム仕様のライフルは、狙撃モードだけでなく、速射モードにも切り替えられる。また、騎士団の宇宙船を操縦するのもクラクの役目だ。

ファースト・オーダーの
将校から盗んだ
ベルト

発射モードが３つある
カスタム仕様の
ライフル

ナイト・バザードと名付けられたクラクの操縦する宇宙船は、かつての囚人輸送船を特別仕様に改造したものだ。輸送船から囚人を解放したあと、騎士団のメンバーはそれを乗っ取り、さまざまな兵器を追加し、推進力を高めた。

足音のしないブーツ

新たな信奉者
最高指導者スノークは、フォースのダークサイドに関する知識を深めるためにレン騎士団を見つけろと、若いベン・ソロに告げる。ベンは、レンとだけ呼ばれていた騎士団のリーダーを殺し、彼の名を取ってカイロ・レンと名乗ることにした。

カイロ・レン

ファースト・オーダーの最高指導者

DATA FILE

所属：レン騎士団／
　　　ファースト・オーダー

出身惑星：シャンドリラ

種族：人間

身長：1.89m

登場作品：VII、VIII、IX

参照：ハン・ソロ、
　　　ルーク・スカイウォーカー、
　　　レイ

サラッシアン鉄

血を流す
カイバークリスタルが
もたらす赤い色

全身黒で身を包んだカイロ・レンは、フォースの強い戦士だ。レンは、自分が使う不安定で破壊的な力を秘めたライトセーバーのように激しい気性を抑えこみ、ファースト・オーダーの任務を遂行する。

ダース・ベイダーを心から敬うカイロ・レンは、この暗黒卿の焼け焦げて歪んだヘルメットを大切にしている。

カイロ・レンはジェダイでもシスでもないが、フォースを使ってファースト・オーダーの将校たちを服従させる。自分に命令を下していたスノークを排除したあと、レンはパルパティーンを殺して銀河を支配しようともくろむ。

もう後戻りはできない

カイロ・レンは父を殺した記憶に苦しみながらも、生き方を変えるにはもう遅すぎると自分に言い聞かせる。惑星クレイトで、元マスターのルーク・スカイウォーカーを攻撃したレンは、その後、ともにファースト・オーダーを支配しようとレイを説得にかかる。

L3-37

ドロイドの権利を擁護するパイロット・ドロイド

DATA FILE

所属：なし（独立）

型：カスタム・パイロット・ドロイド

製造企業：自作

体高：1.79m

登場作品：S

参照：チューバッカ、ハン・ソロ、
　　　ランド・カルリジアン

R3シリーズ・アストロメクの基本的な脳モジュール

L3-37は長年のあいだにアストロメクやプロトコル・ドロイドなどのさまざまなパーツを使って、自分の体を改造してきた。それに伴って性格も進化したため、一般のドロイドとは違って自分の意見を主張するだけでなく、"人生"の哲学的な疑問まで深く考える。

排気ポート

工場でテストされていないため、不安定なシステム

L3-37は、ランド・カルリジアンとともにミレニアム・ファルコンを飛ばす、特別に優れたパイロットである。彼女がいなければ、ハン・ソロたちは危険なケッセル・ランを12パーセクで飛ぶのに必要な速度に達することも、一連のハイパースペース・ジャンプを成功させることもできなかっただろう。

パワーセル

L3-37はミレニアム・ファルコンのナビコンピューターに自分を繋ぎ、目的地に最速で達するルートを割りだす。

ドロイドの解放者

L3-37の願いは、すべてのドロイドに自分と同じ自由を味わってもらうことだ。ドロイドの独立を声高に唱えるL3-37は、ヴァンドアのファイティング・ピットであろうとケッセルのスパイス鉱山であろうと、行く先々で可能なかぎりドロイドたちを解放する。

レディ・プロキシマ

ホワイト・ワームズの女首領

いも虫に似た巨大なクリーチャー、レディ・プロキシマは、コレリアの闇市場を動かす"ホワイト・ワームズ"ギャングの女ボスだ。プロキシマの下では、スクラムラットと呼ばれる貧困にあえぐ人間の子どもたちが、コソ泥や、プロキシマの幼虫に食べさせる害獣狩りに勤しんでいる。

DATA FILE

所属：ホワイト・ワームズ
出身惑星：コレリア
種族：グリンダリッド
身長：4.88m
登場作品：S
参照：ハン・ソロ、
　　　モロック、キーラ

装飾的な
装甲プレート

濃密な大気で
太陽光のほとんどが
遮られる出身惑星で
進化した肌

グリンダリッドの肌は、太陽の光を浴びると火傷を負う。ホワイト・ワームズの薄暗いアジトの中心部で、ハン・ソロが黒く塗った窓ガラスに石を投げると──太陽光線がレディ・プロキシマの肌を焼いた。

弱い脚

スクラムラット

コレリア育ちのハン・ソロとキーラは、生きていくためにやむなくホワイト・ワームズに加わり、コソ泥やスリなどの軽犯罪に手を染める。やがて重要な任務を与えられる地位に出世したふたりはレディ・プロキシマに反旗を翻し、ハンはこのギャングだけでなく惑星コレリアからも脱出を果たす。

レディ・プロキシマは決して外に出ず、コロネット・シティの地下を網目のように走る下水施設からホワイト・ワームズを取り仕切っている。スクラムラットたちが犯罪行為を働くあいだ、プロキシマ自身は地下のアジトでほぼ一日中塩水プールに浸かり、幼虫の世話をしている。プールから姿を現すのは、手下や"ヒューマノイドの子どもたち"に指示を出すときだけだ。

ラマ・スー

カミーノの首相

DATA FILE

所属：なし
出身惑星：カミーノ
種族：カミーノアン
身長：2.29m
登場作品：II
参照：オビ＝ワン・ケノービ

惑星カミーノの首相であるラマ・スーは、謎のジェダイ、サイフォ＝ディアスから膨大な数にのぼるクローン兵士の注文を受け、クローン軍を養成している。クローン軍の用途については、ラマ・スーはまったく関心がない。彼にとって重要なのは、カミーノの人々が享受する経済的利益だけである。

辺境にある水の惑星カミーノは、銀河の中心で起こる出来事にほとんど影響を受けることがない。外の世界の政治にはほとんど興味がないラマ・スーは、もっぱらクローンによる大規模な軍隊を養成する際の技術的な問題に取り組んでいる。

長く伸びた骨には多少の柔軟性がある

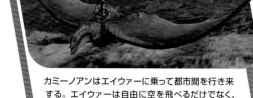

カミーノアンはエイヴァーに乗って都市間を行き来する。エイヴァーは自由に空を飛べるだけでなく、泳ぐのも得意だ。

公務用外套

器用な指

グランドツアー

ラマ・スーは自らオビ＝ワン・ケノービにクローン施設を見せてまわる。首相である彼は惑星外の人々と多少とも接触を持つ数少ないカミーノアンのひとりだが、いまだに訪問者を迎えることに抵抗を感じている。ラマ・スーはケノービがクローン軍プロジェクトについて知らないことには、まったく触れようとしない。

カミーノの硬い海底と、建物の硬い床に適応して小さくなった足

LANAI
ラナイ

DATA FILE

所属：なし

出身惑星：オク＝トー

種族：ラナイ

身長：不明

登場作品：VIII

参照：ルーク・スカイウォーカー、
レイ

うろこに覆われた
サメのような肌

ラナイは、数千年ものあいだオク＝トーのテンプル島（テンプル・アイランド）に住んでいる種族だ。鳥のような脚で2足歩行し、うろこのある肌と魚のような頭部を持つこの生物は、テンプル島とジェダイの古代遺跡を維持および管理している。

植物繊維を織った
清潔な白い服

ラナイの社会は、性別によって明確に役割分担されている。"ケアテイカー"と呼ばれる女のラナイは、島の維持管理をしながら村で生活している。一方、男のラナイは"ビジター"と呼ばれる漁師で、ふだんは海で暮らし、月に一度村に戻って、"ギャザリング"と呼ばれる祭りで雌とともに魚の収穫を祝う。

ポーグの隣人

ラナイの遠い親戚にあたる非知覚生物のポーグもオク＝トー原住で、どちらも海鳥から進化し、海岸付近の岩場で共存している。ポーグはテンプル島の崖に巣を作り、そこでポーグレットと呼ばれるひなを育てる。

ラナイの村では、雌のケアテイカーたちが清潔、規律、礼儀という3つの徳に従って暮らしている。

鳥と同じ形の足

ランド・カルリジアン

クラウド・シティの元執政官

DATA FILE

所属：反乱同盟
出身惑星：ソッコーロ
種族：人間
身長：1.78m
登場作品：S、V、VI、IX
参照：ハン・ソロ、L3-37、
　　　ロボト、アグノート

トレルガー・シルクのシャツ

ソッコーロで作られたリング

ランドとその仲間は追っ手にブラスターの一斉射撃を浴びせ、未精製のコアクシウムとともにケッセルのスパイス鉱山から脱出する。

才気煥発な伊達男ランド・カルリジアンは、ならず者にして詐欺師、密輸業者にしてギャンブラーでもある。サバックのゲームでクラウド・シティの統治権を手に入れたあと、彼は執政官という初めて手にした責任ある立場を楽しむようになった。

クラウド・シティを離れたあと、ランドは反乱同盟軍に加わり、手柄を立てて将軍となった。帝国の崩壊後もしばらくは同盟軍の仲間に手を貸していたが、やがて砂漠の惑星パサーナに落ち着き、穏やかな暮らしを送っていた。しかし、ファースト・オーダーと戦う友人のレイアからメッセージが届くと、その呼びかけに応えて助けに駆けつける。

裏切り

ランドはダース・ベイダーに脅され、クラウド・シティの自由を守るためにやむなくハン・ソロとその友人たちを裏切る。だが、ベイダーが約束を守る気がないことを知ると、彼はレイアたちの救出作戦を練り、自分が治めてきたクラウド・シティから脱出する。

ランドはヌミディアン・プライムで行なわれたサバックの賭けでハン・ソロに負け、ミレニアム・ファルコンを失う。

コニックス中尉

通信士官

DATA FILE

所属：レジスタンス
出身惑星：デュレイシア
種族：人間
身長：1.55m
登場作品：VII、VIII、IX
参照：ポー・ダメロン、
　　　プリンセス・レイア、
　　　PZ-4CO

ケイデル・コー・コニックスは、艦隊司令部の下級管制官としてレジスタンスに加わった。レジスタンスがスターキラー基地の破壊に成功したあと、その戦いでの功績を認められたコニックスは中尉に昇進する。その後レジスタンス基地のあるディカーの軌道にファースト・オーダー艦隊が出現すると、彼女は撤退任務の指揮を執り、見事脱出を成功させた。

新しく得た
中尉の階級章

将校の茶色い軍服

通信と管制を専門とするケイデル・コー・コニックスは、レジスタンスの一員として重要な役目を担っている。スターキラー基地の攻撃で、Xウイングのパイロットたちと司令官との通信を維持し続け、初めて卓越したスキルを証明したコニックスは、ディカーの撤退時には、すべてが迅速に進むよう旗艦ラダスのブリッジから避難活動を統率した。

ポー・ダメロンに組みし、背信行為に関わったコニックスらは、レイア・オーガナ将軍が任務に復帰すると、ただちに彼女の指令に従った。

強い信念を持つ勇気

ポー・ダメロンがホルド副提督の命令に背いてブリッジの扉を封鎖すると、コニックスは彼の味方をし、結果的に背信行為に加担することになった。しかし、オーガナ将軍は、善意からの行動だと信じ、コニックスを許す。クレイトの戦いを生き残った数少ないレジスタンスのひとりとなったコニックスは、エイジャン・クロス基地の建設に大いに貢献した。

LIEUTENANT TYCE
タイス中尉

レジスタンスのA ウイング・パイロット

DATA FILE

所属：レジスタンス
出身惑星：ウォーレンタ
種族：人間
身長：1.65m
登場作品：IX
参照：ダーシー中佐、
　　　ポー・ダメロン、
　　　スナップ・
　　　ウェクスリー

新しい模様を入れるスペース

クーリエ・パイロットだったロビー・タイスは、レジスタンスに加わり、戦闘機乗りになった。スナップ・ウェクスリーがリーダーを務める中隊に所属するタイスは、妻のラーマ・ダーシーが地上軍を指揮しているエイジャン・クロスの基地でパイロットの指導に励んでいる。

飛行ベスト

ユーティリティ・ベルト

非常用酸素チューブ

タイスとダーシーは、レジスタンスに複数存在する夫婦のひと組だ。通常は別々の任務に就き、何か月も会えないことが多いが、エイジャン・クロスに基地が移ってから、ふたりは頻繁に顔を合わせている。

備品を入れるポケット

タイスはレジスタンスのブリーフィングで積極的に発言する。

最後の攻防

レジスタンスにとってファースト・オーダーに対する最終攻撃となるエクセゴルの戦いで、タイスはA ウイングを飛ばす。ポー率いる空中チームは、敵艦上で戦うフィンの "地上" チームを援護した。

LIEUTENANT VANIK
ヴァニク中尉

命知らずのレジスタンス・パイロット

DATA FILE

所属：レジスタンス

出身惑星：メサート

種族：人間

身長：1.67m

登場作品：IX

参照：タイス中尉、
　　　ポー・ダメロン、
　　　スナップ・ウェクスリー

A ウイングの
ヘルメット

ヴァニク中尉は、ファースト・オーダーとの最終
決戦となるエクセゴルの戦いで命を落とした
多くの勇敢なレジスタンス・パイロットのひ
とりだ。

セフティン・ヴァニクは航空
サーカスのスタント・フライヤー
だったが、その離れ業を見たポー・
ダメロンに誘われ、レジスタンスに
加わった。猛スピードで飛ぶのが
大好きなヴァニクは、スピードの
出るA ウイングの操縦を好む。

リスクテイカー

エイジャン・クロスのレジスタ
ンス軍に加わったヴァニクは、
たちまち仲間に溶けこんだ。ビームを命
中させたあと爆発のど真ん中を突っ切る、
A ウイングのシールドを限界まで試すよう
な飛び方により、仲間のパイロットたちから
は"シールドを焼く男（シールド・クッカー）"
と呼ばれている。

ヴァニクの出身惑星があるメサート星
系は、ウーキーの惑星キャッシーク
があるミタラノア宙域に近い。無謀
とも言える飛行技術をこの星系で身
につけたヴァニクは、銀河政府を支
持していたため、メサートが新共和
国を脱退するとショックを受けた。

断熱飛行グローブ

飛行スーツ

159

ロボト

クラウド・シティの主任補佐官

DATA FILE

所属：反乱同盟
出身惑星：ベスピン
種族：サイボーグ人間
身長：1.75m
登場作品：V
参照：ランド・カルリジアン

都市の中央
コンピューターリンク

口数少なくてきぱきと任務をこなす有能なロボト
は、派手なパフォーマンスを好むランド・カルリ
ジアンにとっては理想的な補佐官だ。

クリア＝シグナル・
フィールドを
投影するベルト

クラウド・シティの主任補佐官である
ロボトは、頭部にインプラントされたラッ
プアラウンド式サイバネティック装置を経
由し、シティの中央コンピューターと直接
交信する。この方法により、一度に驚く
ほど大量の詳細情報をモニターすること
ができるのだ。

高級な
シャークリアン布の
シャツ

脳に移植された装置により、ロボトは驚異的な速
度で情報を処理できるようになったが、当初は
本来の個性のほとんどを保っていた。ところが、
ランドに説得されてしぶしぶ試みた大がかりな窃
盗に失敗し、不幸にして重傷を負ったため、イン
プラントに自我を乗っ取られ、個性を失って機
械のようになってしまった。

救出作戦

パルパティーンの支配する帝国を嫌うロボトは、
ランド・カルリジアンがダース・ベイダーの命令
に逆らってハン・ソロの友人たちを助けだそう
と決めると、自分の脳が中央コンピューターに
直結している利点を活用した。彼はカルリジア
ンからの"コード・フォース・セブン"指令に応
じ、クラウド・シティの警備員を引き連れてレ
イアとチューバッカ、C-3POを助けだす。

ログレイ

イウォークの祈祷師（シャーマン）

DATA FILE

所属：ブライト・ツリー村
出身衛星：エンドアの森の月
種族：イウォーク
身長：1.32m
登場作品：Ⅵ
参照：チャーパ村長

イウォークの祈祷師にして薬剤師であるログレイは、儀式と魔法に関する豊富な知識を役立てて同胞を助け、彼らの尊敬を得ている。ログレイはいまでも、イニシエーションやいけにえといった古くから伝わる儀式を好む。

チュリの頭蓋骨

ログレイとチャーパ村長は、反乱同盟軍の戦いに加わるよう部族の仲間を説得する。

力をもたらす杖

縞模様が入った体毛

おいしい捧げもの

ログレイは、ハン・ソロとルーク・スカイウォーカー、チューバッカ、R2-D2をいけにえに捧げることにした。自分たちが "金色の神" だと信じるC-3POを敬う晩餐で、メインコースにするのだ！

若いころ偉大な戦士だったログレイの "力をもたらす杖" は、旧敵の遺物などの戦利品で飾られている。ログレイはもともとよそ者に対する猜（さい）疑心（ぎしん）が強いが、帝国軍の到着でこの傾向に拍車がかかった。

ロア・サン・テッカ

激動の時代を生き延びた賢者

DATA FILE

所属：フォースの教会

出身惑星：不明

種族：人間

身長：1.85m

登場作品：VII

参照：BB-8、カイロ・レン、
　　　ポー・ダメロン、
　　　プリンセス・レイア

情報という不定形の"財産"を守ろうと、ロア・サン・テッカは古代の遺物を求めて銀河の辺境を旅してきた。レジスタンスが存続するためには、サン・テッカの握る秘密の情報が必要であることが明らかになる。

知恵の鎖

ロア・サン・テッカは、子ども時代のカイロ・レンを知っている。しかし、サン・テッカが平和だったころのことを口にすると――レンは激怒し、彼を切り倒した。

ガンダーク革のサバイバル・ベルト

絶望の時代

ロア・サン・テッカが最後のジェダイである兄ルーク・スカイウォーカーの居所を知っていると信じて、レイア・オーガナ将軍はテッカと必死に連絡をとろうとする。レイアはジャクーのトゥアナル村にいるこの老人を見つける任務を、レジスタンスのエースパイロット、ポー・ダメロンに託す。

ロア・サン・テッカは遺物を求めて長年旅をするあいだに、旧帝国が必死に破壊しようとしてきたジェダイの古い伝統の名残をあちこちで発見した。彼が集めたさまざまな情報は、ジェダイ・オーダーを再建すべくジェダイの歴史を調べはじめたルーク・スカイウォーカーにとって大いに役立った。

LUKE SKYWALKER
ルーク・スカイウォーカー
伝説のジェダイ・ナイト

DATA FILE

所属：ジェダイ

出身惑星：タトゥイーン

種族：人間

身長：1.72m

登場作品：III、IV、V、VI、M、
　　　　　VII、VIII、IX

参照：ダース・ベイダー、
　　　ハン・ソロ、
　　　プリンセス・レイア、レイ、
　　　ヨーダ

フォースのなかにその存在を感じとったルーク・スカイウォーカーは、帝国残存勢力のクルーザーに乗りこみ、フォースに敏感な子どもを救出する。

過酷な気候の
オク＝トーでは必須の
風よけショール

わずかに曲がった杖

タトゥイーンの農場でおじの手伝いをしていたルーク・スカイウォーカーは、買ったばかりのドロイドのなかに秘密のメッセージを見つけたことをきっかけに、波乱万丈の人生を歩むことになる。ルークは反乱同盟軍のパイロットとなり、伝説のジェダイ・ナイトとして真の運命を成就した。

帝国が滅びたあと、ルークはジェダイについて学び、広く旅をして、瞑想に励んだ。その後、彼は身につけた知識を新世代のジェダイに伝える仕事に打ちこむが、ジェダイ・オーダーの再建は、教え子だったベン・ソロ（のちのカイロ・レン）がほかの訓練生を皆殺しにしたことで、挫折を余儀なくされる。ルークは自責の念に駆られてすべてを捨て、フォースから自分を切り離す。

ジェダイの道
初代デス・スターを破壊するためXウイングに乗りこんだときから何年も反乱同盟軍のために戦い続け、ルークは立派なリーダーとなる。ヨーダの助けを得てフォースの能力に目覚めた彼は、ジェダイとなり、自由を求める銀河の希望の星として、皇帝やベイダーという強敵に真っ向から立ち向かう。

ルミナーラ・アンドゥリ

ミリアランのジェダイ・マスター

DATA FILE

所属：ジェダイ
出身惑星：ミリアル
種族：ミリアラン
身長：1.7m
登場作品：II、III、
参照：バリス・オフィー

伝統的な
ミリアランの
頭飾り

クローン大戦中、キャッ
シークで戦っているさな
かにオーダー66が発令
され、ルミナーラ・アン
ドゥリは直前まで一緒に
戦っていたクローン兵士
に拘束される。

寒く乾いた惑星ミリアルで生ま
れたルミナーラ・アンドゥリは、
幼いころにジェダイ・オーダー
に加わった。ジオノーシスの戦
いで、少数のジェダイとともにド
ロイド軍の猛攻撃を生き延びた
アンドゥリは、クローン大戦では
ジェダイの将軍として共和国に
仕えた。

ミリアランが
顔に入れる刺青

ジオノーシスの戦い

ルミナーラ・アンドゥリは、200名を超えるジェダイとともに、ジオ
ノーシスのアリーナでドゥークー伯爵のドロイド軍と戦った。ジェダ
イ・マスターのヨーダが創設されたばかりのクローン軍を率いて救
出に駆けつけると、彼女はすぐさまクローン兵士を指揮して、分離
主義勢力を相手に地上戦を展開する。

ルミナーラ・アンドゥリはス
ティジョン・プライムにある帝
国の刑務所で息を引き取った。
しかし、大尋問官は彼女が生き
ているという噂を流し、かすか
に残っている彼女のフォースを
利用して、ジェダイの生き残り
をおびきだす。

LYRA ERSO
ライラ・アーソ

ジン・アーソの母

DATA FILE

所属：なし
出身惑星：アリア・プライム
種族：人間
身長：1.7m
登場作品：RO
参照：ゲイレン・アーソ、
　　　ジン・アーソ、
　　　オーソン・クレニック

洞察力と勇気をあわせ持つライラ・アーソは、家族を守るためならどんなことでもする。夫の科学研究が軍事兵器に利用される可能性に気づいたのはライラだった。ライラは夫のゲイレンと娘のジンとともに帝国領を脱出し、惑星ラムーに隠れたあと、帝国に見つからないよう油断なく気を配っている。

自分で織った
麻の繊維のローブ

ライラは娘のジンにカイバー・クライスタルの欠片のネックレスを渡し、"フォースを信じて"と告げる。

赤はフォースと
調和する宗派、
"啓蒙者たち"を
示す色だ

忍びよる追跡の手

にぎやかなコルサントと比べると、ラムーでの暮らしはずっと静かでシンプルだ。帝国の影響から遠く離れたこの地で、ライラとゲイレンはジンを育て、娘に強い善悪の観念を植えつけた。しかし4年後、一家はとうとう帝国に見つかってしまう。ジンは両親に教えられたとおりに行動したおかげでなんとか逃れることができたが、ゲイレンは連れ去られ、ライラは殺された。

ジェダイ・オーダーの歴史と哲学を学んだライラは、一度もジェダイに会ったことはないが、フォースを熱心に信仰している。そして、砂漠の月ジェダにいるフォースの教会の信徒たちと同様に、自分の信念を示す真っ赤な幅広の帯を腰に巻いている。

非常時に家族で
連絡を取り合うための
コムリンク

メイス・ウィンドゥ

伝説のジェダイ・マスター

DATA FILE

所属：ジェダイ

出身惑星：ハルウン・カル

種族：人間

身長：1.88m

登場作品：I、II、III

参照：アナキン・スカイウォーカー、
パルパティーン、ヨーダ

戦いに長けているメイス・ウィンドゥは、もっとも優れたライトセーバーの使い手のひとりだ。

ジェダイ評議会の重鎮であるメイス・ウィンドゥの知恵とライトセーバーの腕前は、伝説となっている。ウィンドゥは真面目で冷静なジェダイだが、危険に直面したときに思い切った行動を取る決断力も持ち合わせている。

ジェダイの
ユーティリティ・
ベルト

粗織り布のチュニック

直感

アナキンからパルパティーンがシス卿だと聞いたメイス・ウィンドゥは、この元老院議長に対する自分の疑いが正しかったことを知る。ウィンドゥは一瞬たりとも無駄にせず、生死を問わずパルパティーンを捕らえることを誓い、元老院ビルへと向かう。

決断力と洞察力に富むウィンドゥは、アナキン・スカイウォーカーのなかにひそむ危うさを最初に察知したジェダイのひとりだった。ジオノーシスで戦争の準備が進んでいる事実が明らかになり、仲間のジェダイが捕らわれたことが判明すると、彼は急きょジェダイを集め、救出に向かう。

戦闘時に動きやすい、
ゆるみのある
チュニック

メイス・ウィンドゥがダース・シディアスと戦っているさなか、アナキンはこれまでの教えに背くか、シス卿を捕らえるのに手を貸すかの選択を迫られる。

非常に滑りにくい
ブーツ

MAGNAGUARD
マグナガード

グリーヴァス将軍のドロイドのボディガード

DATA FILE

所属：分離主義勢力

型：ボディガード・ドロイド

製造企業：ホロワン・メカニカルズ

体高：1.95m

登場作品：III

参照：グリーヴァス将軍

プライマリー・
フォトレセプター

エイリアンのサイボーグであるグリーヴァス将軍のボディガードは、将軍が自ら考案した仕様で製造された。グリーヴァスに訓練された彼らはマグナガードと呼ばれ、しばしば2体1組となり、敵の戦闘スタイルに順応して戦う。マグナガードは通常、エレクトロスタッフか、グレネードとロケット・ランチャーを装備している。

がいとう
外套には、
グリーヴァスのマスクに
あるのと同じムムウを
あしらった模様がある

マグナガードは、グリーヴァスがカリーシュの大将軍だったときに彼に同行していた戦士やボディガードの精鋭に似せて作られた。やがてドゥークー伯爵などのほかの分離主義勢力のリーダーたちも、ボディガードや兵士としてマグナガードを使うようになる。

ライトセーバーの
一撃にも耐えうる
エレクトロスタッフ

戦闘でちぎれたマント

戦いの傷が残る脚

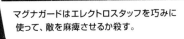

マグナガードはエレクトロスタッフを巧みに使って、敵を麻痺させるか殺す。

二重のトラブル

マグナガードIG-101とIG-102は、グリーヴァス将軍の旗艦インヴィジブル・ハンドで、パルパティーンを救出しにきたアナキン・スカイウォーカーとオビ=ワン・ケノービを相手に戦う。マグナガードの1体はケノービに頭を切り落とされてもなお、バックアップ・プロセッサーを使って戦い続けた！

MALAKILI

マラキリ

ジャバのランコアの飼育者

DATA FILE

所属：ジャバの宮殿
出身惑星：コレリア
種族：人間
身長：1.72m
登場作品：VI
参照：ジャバ・ザ・ハット

ジャバに仕える調教師のマラキリは、宮殿の広間の下で飼われている猛獣ランコアの世話係を受け持っている。ジャバが自分を怒らせた者を誰彼かまわずその穴ぐらに落とすため、マラキリは必死に抵抗する"おやつ"からランコアが受けた傷の手当てもしなければならない。

汗に濡れた
ぼろ布のベルト

リスト・ガード

昔サーカスで
はいていた
ズボン

マラキリはかつて旅回りのサーカスで動物の調教師として働いていた。ところが、ナー・シャッダで興行中に、受け持ちの猛獣が1頭逃げだし、観客を何人も殺すという惨事が起こった。この出来事のあと、賠償金を払えぬマラキリは奴隷となり、ジャバ・ザ・ハットに売られたのだ。

ジャバのランコアは、サンド・ピープルに襲われたマラキリを助けたことがある。

愛すべきペット

マラキリも仲間の調教師ギランも、自分たちが世話をしているランコアをとてもかわいがっている。ジャバの宮殿にいる動物のなかでは、ランコアがいちばんのお気に入りだった。餌にされそうになったルーク・スカイウォーカーがこの猛獣を殺すと、マラキリとギランは涙を流して悲しんだ。

マンダロリアン（マンドー）

賞金稼ぎから守護者へ

DATA FILE

所属：チルドレン・オブ・ザ・ウォッチ／マンダロリアン

出身惑星：アク・ヴェティナ

種族：人間

身長：1.8m

登場作品：M

参照：アーマラー、グローグー、クイール

ベスカー製のヘルメット

弾帯

さまざまな武器やジェットパックを使いこなし、戦術にも精通する"マンダロリアン"ことマンドーは、戦いで負けることはめったにない。

狙った獲物は逃さないと評判の賞金稼ぎ"マンダロリアン"、マンドーことディン・ジャリンは、追跡を得意とする腕の立つ戦士だ。友人には忠実、敵には容赦しないマンドーは、"ザ・チャイルド"と呼ばれる不思議な生物を救出したことで、人生に新たな目的を見出す。

グラップリング・フック・ランチャー付きのガントレット

子どものころ分離主義勢力のスーパー・バトル・ドロイドに両親を殺されたディン・ジャリンは、ひとりのマンダロリアンに助けられ、古い"道"にしたがって育てられた。現在、彼はほとんどの人々からマンドーと呼ばれている。

新たな道

マンドーも、同胞のマンダロリアンたちも、人前でヘルメットを取ることは決してない。しかし、"ザ・チャイルド"ことグローグーが捕らわれると、マンドーは自分が彼をマンダロリアンの掟より大切に思っていることに気づく。そしてグローグーの居場所を突きとめるため、帝国軍残党の基地内でヘルメットをはずし、顔認証のスキャンをする。

マス・アミダ

シャグリアンの元老院副議長

DATA FILE

所属：共和国／帝国
出身惑星：シャンパラ
種族：シャグリアン
身長：1.96m
登場作品：I、II、III
参照：パルパティーン

飾りを兼ねた
攻撃に使う角

コルサントで銀河元老院の副議長を務めるマス・アミダは、議事の審議中、秩序を保つ。アミダは自身を厳しく律する厳格なシャグリアンで、パルパティーンが外見どおりの男でないことを知る、選ばれた少数のひとりである。

有害な
放射エネルギーを
除去する青い肌

副議長の杖

公務用ローブ

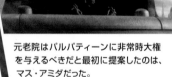

元老院はパルパティーンに非常時大権を与えるべきだと最初に提案したのは、マス・アミダだった。

ヴァローラム最高議長の任期中、マス・アミダは銀河元老院の副議長を務めていた。ひそかにパルパティーンに仕えていたアミダは、あらゆる手段を講じて元老院の議論を延々と長引かせ、ヴァローラムが多くの議員の支持を失うよう仕向ける。

揺るぎない忠誠心

パルパティーン皇帝が元老院でヨーダと戦ったあと、皇帝の私兵であるショック・トルーパーの部隊がヨーダを捜すあいだ、マス・アミダは皇帝に付き添う。パルパティーンが共和国という名称を捨て、銀河帝国の誕生を宣言したあとも、アミダは大宰相として彼に仕えた。

MAUL
モール

犯罪王となったしぶといシス

モールはかつて、シス・オーダーの歴史上、最も危険かつ高度な戦闘訓練を受けたシスのひとりとして、ダース・シディアスに仕えていた。ダソミアのナイトブラザーという戦士部族の伝統に敬意を表し、モールは全身に部族の刺青を入れている。

DATA FILE

所属：シス／ナイトブラザー／
　　　クリムゾン・ドーン
出身惑星：ダソミア
種族：ザブラク
身長：1.75m
登場作品：I、S
参照：オビ＝ワン・ケノービ、
　　　パルパティーン、キーラ

野戦用の外套（がいとう）

内部クリスタルの
性質により
赤くなった光刃

ジェダイたちには死んだと思われていたが、モールは復讐への渇望に突き動かされて生き延び、ナイトシスターの魔術により復活を果たす。その後、クローン大戦中に銀河の裏暗街に舞い戻り、暗黒街に大混乱を巻き起こしたのちダース・シディアスに生け捕りにされるが、モールはここでも間一髪で死をまぬがれた。

銀河帝国の時代、モールは冷酷な犯罪組織と評判のクリムゾン・ドーンを率いる。

モール対ケノービ

アミダラ女王を捕らえるためナブーに送られたモールは、クワイ＝ガン・ジンとオビ＝ワン・ケノービに、シスの戦士と戦うめったにない機会を与える。タトゥイーンで一度モールと戦っていたクワイ＝ガンは、この強敵との戦いに弟子のオビ＝ワンとともに挑む。オビ＝ワンは邪悪なシスの息の根を止めたと確信するが——モールは瀕死の重傷を負いながらも生き延びていた。

MAX REBO
マックス・レボ

ジャバのお抱えバンドのリーダー

DATA FILE

所属：ジャバの宮殿
出身惑星：オート
種族：オートラン
身長：1.5m
登場作品：VI
参照：ドルーピー・マックール、
　　　サイ・スヌートルズ

興行界でマックス・レボとして知られている青い肌のオートランは、食べ物のことで頭がいっぱいのクレイジーなオルガン奏者だ。お楽しみに目がない犯罪王ジャバ・ザ・ハットから無料の食べ物を条件に契約を提示されたマックスは、すぐさま承諾し——バンド仲間を激怒させた！

ジャバとの契約

マックス・レボは、バンドのワイルドな演奏にすっかり興奮したジャバから、一生宮殿で演奏しないかという申し出を受け、ふたつ返事でこれを承知した。ある日、バンドがいつものように演奏していると、ルーク・スカイウォーカーがハン・ソロを救出するため宮殿を訪れる。ジャバが死んだあと、バンドは解散した。

出力スピーカー

脂肪を蓄える耳

吸気口

関節のある指は、食べ物や飲み物を吸収できる

オートランにしては痩せているマックス・レボは、食い意地が張っているせいで、バンドのリーダーとしてお粗末な判断を下すこともある。とはいえ、音楽を心から愛する彼のレッド・ボール・ジェット・オルガンの演奏は、文句のつけようがないほどすばらしい。

マックス・レボ・バンドは、ジャバの取り巻きとともにセール・バージに乗りこむ。

マズ・カナタ

伝説の海賊

DATA FILE

所属：海賊／レジスタンス

出身惑星：タコダナ

種族：不明

身長：1.24m

登場作品：VII、VIII、IX

参照：フィン、ハン・ソロ、
　　　プリンセス・レイア、レイ

可変レンズを使用した
矯正ゴーグル

銀河の辺境で何世紀にもわたり生き延びてきた、茶目っ気のある海賊の女王マズ・カナタは、銀河でもっともタフだと言われるギャングたちでさえ一目置く存在だ。ジェダイではないが、マズはフォースと深い繋がりがあり、ダークサイドのフォースと戦うレジスタンスを援助する。

ストロの
ブレスレット

マズ自身が
編んだ服

密輸業者や無法者をタコダナの居城に歓迎するマズ・カナタの寛大さは、銀河でもよく知られている。トラブルを起こす客、不満や政治的議論を持ちこむ客はお断りだが、そうでないかぎり、マズは法の目をかいくぐって生きている者たちを決して拒まない。

ならず者との再会

マズ・カナタとは数十年来の知り合いであるハン・ソロは、マズについて「知れば知るほど好きになるやつだ」と語る。小柄な体に似合わず豪放磊落（ごうほうらいらく）なマズは、気のいいユーモアと辛口の批判をまじえ、長い人生で得た知恵を友人たちに伝える。ハンは、レジスタンスの基地を見つける手助けをしてもらおうと、25年ぶりにマズを訪ねた。まもなく、ハンの連れの逃亡者ふたりがタコダナにいることを嗅ぎつけたファースト・オーダーがマズ・カナタの城を襲撃し——その直後に、レジスタンスがハンの目の前に現れた。

ME-8D9

大昔のプロトコル・ドロイド

DATA FILE

所属：なし
型：不明
製造企業：不明
体高：1.72m
登場作品：VII
参照：バジーン・ネタル、
　　　マズ・カナタ

プロトコル・ドロイドのME-8D9は、タコダナにあるマズの城に集まるならず者たちには"エミー"と呼ばれている。城のレストランや、客がギャンブルに興じる広間で行われる違法な取引の通訳に駆りだされ、エミーは日々、大忙しだ。

保護された
データ保管センター

高級ブロンジウム仕上げ

エミーは型式不明の古いドロイドで、マズの城と同じくらい古いという噂もある。数えきれないほど何度も再プログラムされているため、最初にどんな機能を持っていたのか本人もほとんど記憶がない。

ニー・アセンブリー

強化された足首の関節

謎に包まれた過去

時代遅れの設計がもたらす副作用らしく、エミーの過去の記憶はときどき断片的に浮上してくる。エミーは主に儀礼用としてデザインされているようだが、悪名高いクリモラ・シンジケートを含む、いかがわしい犯罪者たちに暗殺ドロイドとして仕えていたこともあった。造られた当時は古代のジェダイ・オーダーに仕えていたという者もいる。

ミグズ・メイフェルド

雇われ名狙撃手

DATA FILE

所属：帝国／独立（なし）
出身惑星：不明
種族：人間
身長：1.7m
登場作品：M
参照：キャラ・デューン、
　　　マンダロリアン（マンドー）、
　　　ヴァリン・ヘス

すぐにブラスターを抜けるよう、
革のホルスターを複数身に着けている

神経リンクパック用の頑丈なバックパック

神経リンク自動兵器ソリューション・バックにより、メイフェルドは頭に思い浮かべただけで照準を定めることができる。

錆びたベルト・バックル

反射神経の鋭い、ぶれない手

雇われ傭兵のミグズ・メイフェルドは、軽口と辛らつなユーモアでしょっちゅう周囲の者をいらだたせている。機転が利くばかりか、腕のいい狙撃手でもあるが、短気が災いして自分と仲間たちを窮地に追いこむことが多い。

帝国軍の狙撃手だったころ、メイフェルドは帝国の横暴ぶりに嫌気がさしていた。自分の元司令官ヴァリン・ヘスが、罪のない人々を守るよりも帝国の利益を気にかけていることに、メイフェルドはいまでも怒りを感じている。

葛藤

兵士殺害の罪で逮捕されたメイフェルドは、矯正施設カーソン・チョップ・フィールズで強制労働の刑に処された。新共和国の保安官となったキャラ・デューンは、捕らわれたグローグーとモフ・ギデオンを捜すマンドーが帝国軍の採掘拠点に潜入できるよう、裏から手を回してメイフェルドを釈放する。

保護用の覆い

モフ・ギデオン

冷酷な帝国軍リーダー

DATA FILE

所属：帝国／帝国残存勢力
出身惑星：不明
種族：人間
身長：1.83m
登場作品：M
参照：ボ＝カターン・クライズ、
　　　グローグー、
　　　マンダロリアン（マンドー）

モフであることを
示す階級章

グローグーをめぐる戦いで、マンドーの
ベスカー製の槍がモフ・ギデオンのダー
クセーバーを激しく打つ。

"ザ・チャイルド" ことグロー
グーを見つけようと、銀河中を
捜索するモフ・ギデオンは、自
分の行く手を阻む者を容赦なく
排除する。たとえそれが味方の
ストームトルーパーであろうと
同じことだ。

無慈悲な男

モフ・ギデオンは圧倒的な
兵力で、キャラ・デューン、
グリーフ・カルガ、マンドー
をネヴァロのカンティーナに
足止めし、グローグーを渡
せと要求する。だが、たとえ
彼らがその要求に応じたと
しても、身の安全は保証で
きないと冷酷に言い放つ。

伝説のマンダロアの
ダークセーバー

元帝国保安局（ISB）の将校で、現在は帝
国残存勢力の部隊を率いるモフ・ギデオン
は、あざとい手段を使うことも辞さない冷
酷な指揮官だ。ギデオンはフォース感応力
を持たないが、ダークセーバーを巧みに扱
うことができる。

革のブーツ

モフ・ジャージャロッド

第2デス・スターの監督者

DATA FILE

所属：帝国
出身惑星：ティネルIV
種族：人間
身長：1.83m
登場作品：VI
参照：ニーダ艦長、
　　　ダース・ベイダー

第2デス・スターの建造を監督したモフ・ジャージャロッドは、エンドアの戦いで、このバトル・ステーションのスーパーレーザー砲を統制する。反乱軍の攻撃でついにデス・スターの反応炉が爆発すると、ジャージャロッドもあえなく宇宙の塵となった。

帝国軍コード・シリンダー

階級章

帝国軍将校の上着

ジャージャロッドはデス・スターの建造が遅れているのは作業員が不足しているからだと言い訳する。

宇宙軍のブーツ

ジャージャロッドはコア・ワールドのティネルIVに住む裕福な一家に生まれた。狭量で執念深く、野心に欠けるものの、この点がむしろ幸いして順調に昇級した。モフとなったあともこの性格に助けられ、彼は帝国エネルギー・システム長官という表向きの肩書きとともに、極秘機密である第2デス・スター建造の監督を命じられる。

釈明の必要あり

デス・スターの建造スケジュールに遅れが出ると、モフ・ジャージャロッドとその部下たちに作業を急がせるため、皇帝はベイダーを送った。ジャージャロッドは言い訳を口にするものの、まもなく皇帝自身が到着するとベイダーが告げたとたんに、至急、完成させると請け合った。

MOLOCH
モロック

DATA FILE

所属：ホワイト・ワームズ

出身惑星：コレリア

種族：グリンダリッド

身長：2m

登場作品：S

参照：ハン・ソロ、
　　　レディ・プロキシマ、キーラ

太陽の光から
肌を守るマスク

モロックという名の野蛮なグリンダリッドは、コレリアを拠点とするレディ・プロキシマとその犯罪組織の執行者である。コロネット・シティの闇市を牛耳るグリンダリッドたちは、手下が捕まえる小動物を食す。

もがき苦しむスクラムラットを
模した笏（セプター）

実力を証明できた賢いスクラムラットたちは、昇進し、より重い犯罪に手を染めるようになる。

塩水に濡れた謁見室に
出入りするため、服は塩まみれだ

太陽に当たると皮膚が火傷するため、ほとんどのグリンダリッドは地下アジトの薄闇のなかに隠れているが、モロックは長いローブとマスクで全身を完全に覆って屋外に出る。また訓練を積んだおかげで、彼は尻尾を人間の脚のように動かせるようになった。

忠実な部下

モロックは"親愛なる女王"レディ・プロキシマに仕えている。この女首領は、貧困にあえぐ人間の子どもの集団"スクラムラット"に、自分の幼虫に食べさせるネズミ狩りやスリなどの軽犯罪を強要している。ハン・ソロとキーラは、生きていくために仕方なくスクラムラットとなり、犯罪社会に足を踏み入れた。

モン・モスマ

反乱同盟のリーダー

DATA FILE

所属：共和国／反乱同盟
　　　／新共和国

出身惑星：シャンドリラ

種族：人間

身長：1.73m

登場作品：III、RO、VI

参照：ベイル・オーガナ

シンプルな
シャンドリラの
ヘアスタイル

ハンナの
ペンダント

和解のポーズ

反乱同盟の最高位の指導者であるモン・モスマは、銀河元老院の議員として自由のために戦ってきた。だが、皇帝の魔の手が身辺に伸びてきたことを察すると、元老院議員の地位を捨て、銀河帝国を倒すため、ベイル・オーガナとともに反乱同盟を組織する。

フルーレライン織りのエレガントなローブ

反乱同盟評議会で、モン・モスマはデス・スターと呼ばれる新兵器に関するすべての意見に耳を傾けた。

シュラー・シルクの上衣

反乱同盟の設立者

皇帝となったパルパティーンが元老院を支配し、自ら任命した総督たちを通して共和国内の全星系を監督下におくと、モン・モスマとベイル・オーガナはパルパティーンと戦う必要性を痛感する。ふたりのロイヤリストは極秘のうちに反乱同盟を立ちあげるため、少数の信頼できる議員たちからひそかに協力の約束を取りつけた。

政治家の娘として生まれたモン・モスマは、当時、元老院で最も若い議員となった。共和国が崩壊すると、地下に潜伏し、銀河に散在する反乱グループをひとつにまとめていく。こうして共和国再建のための同盟（通称、反乱同盟）が誕生した。

モーガン・エルズベス

冷酷な独裁者

DATA FILE

所属：不明

出身惑星：コルヴァス

種族：人間

身長：1.65m

登場作品：M

参照：アソーカ・タノ、
　　　ラング隊長

モーガン・エルズベスは、監督者として森林惑星コルヴァスの都市カロダンを統治している。元ジェダイのアソーカ・タノに、師と仰ぐスローン大提督の居所を教えるよう迫られたエルズベスは、これを拒否し、タノと敵対する。

ベスカー製の槍

モーガン・エルズベスはかつて、辺境の惑星から資源を搾取して帝国宇宙軍の増強に貢献していた。帝国が滅びたあとも、エルズベスはさまざまな惑星を征服し続ける。

ロープを隠した
ユーティリティ・
ベルト

恐ろしい契約

エルズベスは、マンダロリアンのディン・ジャリンにアソーカ・タノの殺しを依頼する。そして、任務を成功させた暁には、マンダロリアンが使うほぼ破壊不可能な金属である純粋なベスカー製の槍を報酬として支払うと約束した。

監督官のローブ

カロダンの城壁内で、アソーカ・タノはモーガン・エルズベスの一撃をライトセーバーで受けとめる。

マッドトルーパー

帝国軍のスワンプ・トルーパー

DATA FILE

所属：帝国

出身惑星：さまざま

種族：人間

身長：さまざま

標準装備：E-10ブラスター・
　　　　　ライフル

登場作品：S

参照：ハン・ソロ、
　　　トバイアス・ベケット

帝国軍地上部隊においては、ストーム
トルーパーではない歩兵も重要な役割を
果たしている。沼の惑星ミンバンでは、第
244帝国軍機甲師団に属するマッドトルー
パーが、沼地で泥まみれになりながらミ
ンバンの地元民からなる解放軍と戦っ
ている。

有害な空気のなかで
使う呼吸マスク

"スリック"と名付けられた
防水ケープ

ハン・ソロは帝国パイロット・アカデ
ミーを退学させられたあと、ミンバン
に送られた。

前線キャンプ

常に霧が立ちこめ、泥の平原が広が
るミンバンの環境は実に過酷だ。地
元民の蜂起という脅威のほかにも、
長時間湿地で過ごすことで塹壕足と
呼ばれる感染症にかかる恐れや、空
中を漂うカビの胞子で肺の病にかか
る危険もある。しかも、ミンバンの水
には有害な微生物が含まれているた
め、飲料水確保もままならない。

進んでマッドトルーパーになろうとする者
はほとんどいない。ミンバンで戦うほと
んどのマッドトルーパーは徴兵された兵士
たちだが、なかには不服従の罪をおかし
罰としてほかの部隊から送られてきた兵
士もいる。さらに、軍が設けている奨学
金と引き換えにこの沼地での配属を受け
入れた兵士も少数だが交じっている。

ナブー王室警備隊

ナブー王室のボディガード

DATA FILE

所属：ナブー王室保安軍
出身惑星：ナブー
種族：人間
身長：さまざま
標準装備：S-5ブラスター・
　　　　　ピストル、コムリンク
登場作品：I、II
参照：キャプテン・パナカ

ナブーの部隊は、小型のジアン・ランドスピーダーを駆使してドロイド侵略軍を撃退しようとする。

爆風を吸収するアーマー

機動性を保つ
装甲なしの関節部

ユーティリティ・
ベルト

ナブー王室警備隊は、ナブーの君主と王室の護衛を担当する、高度な訓練を受けたボディガードである。この献身的な兵士たちは通常、惑星外の戦いで経験を積んでからナブーに戻り、忠実なボディガードとして王室の人々を守る。

動きやすさを重視して
装甲プレートは
着けていない

志願者からなる王室警備隊はナブー王室保安軍の一翼を担っている。王室警備隊は見張りやパトロール任務を担当する保安隊と、N-1スターファイターを飛ばす戦闘機部隊（スターファイター・コー）と連携し、主に女王の警護や宮殿の警備などの任務にあたる。

すね当て

再び結集

トレード・フェデレーションのドロイド軍がナブーを侵略すると、王室警備隊は初めて実戦を経験する。しかし、圧倒的な数を誇るバトル・ドロイド軍にはとうていかなわず、敗北を喫した。さいわいアミダラ女王と保安軍の隊長であるキャプテン・パナカはナブーを脱出し、その後、惑星に戻ってグンガンの協力を取りつけ、ドロイド軍の占領に終止符を打つことができた。

NAMBI GHIMA
ナンビ・ギマ
人懐っこい少女

DATA FILE

所属：アキ＝アキ
出身惑星：パサーナ
種族：アキ＝アキ
身長：1.3m
登場作品：IX
参照：C-3PO、レイ

ダスウォード染めの布

若いアキ＝アキの
鼻は短い

アキ＝アキ種族である10代のナンビ・ギマは、砂漠の惑星パサーナで先祖の祭りを楽しんでいる。この祭りで、アキ＝アキは部族の歴史に敬意を表し、その未来を祝う。ナンビ・ギマは歓迎の贈り物として、レイにネックレスをプレゼントした。

カーン＝ナッツの殻で
作られたネックレス

先祖の祭りでレイと出会ったナンビ・ギマは、通訳ドロイドのC-3POの手を借りて、彼女に苗字を尋ねる。

踊りやすい、ゆるめのローブ

先祖の祭りは、42年に一度パサーナで開催される。出席する者の大半は地元のアキ＝アキだが、惑星外からも人々が訪れ、珍しい踊りに興じ、祭りの音楽に耳を傾けながら甘いものを食べ、工芸品が並ぶ屋台で買い物を楽しむ。

フォースを通じた繋がり

ナンビ・ギマと話をした直後、レイはフォースによってカイロ・レンと繋がり、言葉を交わす。物理的には何光年も離れているにもかかわらず、レンは怒りにまかせてレイのネックレスを引きちぎった。そのネックレスの素材を調べたファースト・オーダーは、レイたちがパサーナにいることを突きとめる。

ナイン・ナン

勇敢なサラスタンのパイロット

DATA FILE

所属：反乱同盟／レジスタンス
出身惑星：サラスト
種族：サラスタン
身長：1.79m
登場作品：VI、VII、VIII、IX
参照：ランド・カルリジアン、
　　　ポー・ダメロン、
　　　プリンセス・レイア

サラスタンのナイン・ナンは、エンドアの戦いでミレニアム・ファルコンに乗りこみ、サラスタン語を話せるランド・カルリジアンの副操縦士を務めた。かの有名な自船メルクローラーでナンが見せた素晴らしい操縦ぶりを噂に聞いたカルリジアン自ら、この任務に彼を抜擢したのである。

ツール・ポーチ

与圧Gスーツ

操縦用手袋

ギア・ハーネス

ナイン・ナンは反乱同盟軍でスターファイターを操縦する多くのサラスタンのひとりだ。彼の故郷であるサラストは、エンドアの戦いを前にして、反乱同盟軍艦隊の集結地となった。反乱同盟はナンにカリドア・クレセントと呼ばれる勲章を授け、この戦いにおける彼の功績を称えた。

ナンは激減したレジスタンス艦隊とともに惑星ディカーから撤退し、クレイトの戦いも生き延びたが、エクセゴルの決戦で命を落とす。

滑りにくいブーツ

信頼できるパイロット

サラストでソロスーブ社の貨物船を操縦し、腕を磨いたナイン・ナンだが、ソロスーブ社が帝国支持を表明すると、ひそかに会社の貨物を反乱同盟軍へ横流しして、この決定に反対であることを示した。その後、しばらくは独立した密輸業者として活動していたが、やがて正式に反乱同盟軍のメンバーとなる。

ヌート・ガンレイ

ニモーディアンのヴァイスロイ

DATA FILE

所属：トレード・フェデレーション／
分離主義勢力

出身惑星：ニモーディア

種族：ニモーディアン

身長：1.91m

登場作品：I、II、III

参照：パドメ・アミダラ、
パルパティーン

ヴァイスロイの
前立て付き
ティアラ

相手をだますときの顔

ヴァイスロイが
着ける襟

ヌート・ガンレイは、トレード・フェデレーションのヴァイスロイ（総督）として強大な権力を手にしている。通商の範囲を広げるためなら平気で人を欺き、人殺しもいとわない男だが、欲に駆られて平和な惑星ナブーを侵略し、そうとは知らずダース・シディアスの駒となる。

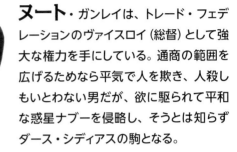

クローン大戦の初期、ヌート・ガンレイが率いるトレード・フェデレーションはひそかに分離主義勢力を援助していた。

シディアスは銀河の支配権を手に入れるまでトレード・フェデレーションを利用しているだけだったが、ガンレイたちはまったく気づいていない。

並はずれて欲深なことで知られるニモーディアン種族のヌート・ガンレイは、ダース・シディアスなる人物とひそかに手を結び、共和国の関税政策に反対してナブーを封鎖する。しかし、シディアスとの同盟が戦争へと発展したことに、しだいに不安を募らせていく。

曝かれた本性

パドメ・アミダラが自由を求めて戦う兵士たちとともに宮殿に突入してくると、臆病なガンレイは本性をさらけだす。もはやバトル・ドロイドの陰に隠れることができなくなったガンレイは逮捕されるが、のちに罰金を払って自由の身となり、トレード・フェデレーションのヴァイスロイの地位に留まり続ける。これは共和国の腐敗を顕著に示す出来事でもあった。

オビ=ワン・ケノービ

伝説のジェダイ・マスター

DATA FILE

所属：ジェダイ

出身惑星：スチュージョン

種族：人間

身長：1.79m

登場作品：I、II、III、IV、V、VI

参照：アナキン・スカイウォーカー、
　　　ルーク・スカイウォーカー

アンダー・
チュニック

ジェダイのローブ

オビ=ワン・ケノービはデス・スター内で、かつてのパダワンであるアナキン・スカイウォーカー、いまではシスの暗黒卿となったダース・ベイダーと対決する。

真に偉大なジェダイ、オビ=ワン・ケノービは、共和国の統治がついに崩壊する銀河の動乱期をその中心で体験することになった。ケノービは本来、慎重なたちだが、独立心が旺盛で、ライトセーバーの戦闘技術も非常に優れている。

ケノービは、弟子のアナキン・スカイウォーカーとはまったく異なる道を歩む運命にあった。オーダー66によりジェダイが粛清されたあとは、ルーク・スカイウォーカーとレイア・オーガナの兄妹を守る一助を担い、何年もタトゥイーンに隠れ住んで、旧ジェダイ・オーダーの最後の望みとなったルークの成長を見守る。

ケノービ将軍

ケノービはクローン大戦で優れたジェダイの将軍にしてパイロットとなる（それでも飛ぶのは大嫌いだ！）。頑固なクワイ=ガン・ジンに訓練されたケノービは、師の遺志を継いでアナキン・スカイウォーカーを弟子にとり、クローン大戦をともに戦いながらアナキンと強い絆を築く。

オビ=ワン・ケノービの思慮深いアプローチは、アナキンのせっかちなやり方と衝突することが多い。

ベストゥーンのオーチ

シスの暗殺者

DATA FILE

所属：アコライツ・オブ・ザ・
　　　ビヨンド／シス・エターナル

出身惑星：不明

種族：不明

身長：1.83m

登場作品：IX

参照：C-3PO、D-O、
　　　パルパティーン、レイ

サイバネティクスのヘッドギア

ベストゥーンのオーチは、シスの遺物を集める伝説のハンターであり、ダース・シディアスに仕える暗殺者でもある。オーチはフォース感応能力を持たないものの、フォースが自分を導いてくれると信じている。彼はパサーナの恐ろしい流砂のなかで命を落とした。

シス・エターナルと呼ばれる秘密のカルト集団は、パルパティーンの孫娘であるレイの捜索にオーチを送りだした。オーチはレイの両親を尋問するが、娘の居所を明かそうとしないため、ふたりを殺す。のちに、オーチのナイフの刃に刻まれたシスの古代文字が、レジスタンスをパルパティーンのもとへ導く手がかりとなった。

手首に取り付けられた
通信装置

ダークサイドの伝統にしたがい、
マントを羽織っている

オーチは、シスが必ず権力の座に返り咲くと信じる
アコライツ・オブ・ザ・ビヨンドのひとりだ。

オーチの宇宙船

オーチはパサーナの沈む砂地にはまり、ドロイドのD-Oが残された宇宙船ベストゥーン・レガシーに戻ることができなかった。ポー・ダメロンはこの宇宙船でファースト・オーダーのスター・デストロイヤーに乗りつけ、大胆な救出作戦を遂行する。

OMERA
オメラ

子を守る母

DATA FILE

所属：不明
出身惑星：ソーガン
種族：人間
身長：1.73m
登場作品：M
参照：グローグー、
　　　マンダロリアン（マンドー）、
　　　ウィンタ

娘のウィンタとともに惑星ソーガンに暮らす農民のオメラは、娘を守りたい一心で、侵略者の攻撃に備えて仲間の村人たちを統率する。思いやりがあり勇敢なオメラは、愛する者のために必死で戦う覚悟を決める。

装飾的な襟

着心地の良さを求めたラッフルスリーブ

クリル農民のオメラとウィンタの穏やかな暮らしは、ある日、クラトゥイニアンの盗賊の一団が村を襲ってきたことで一転する。オメラは助力を申し出たマンドーを自宅に招待し、彼と心を通わせる。

地元産の織物で作られた、たっぷりしたスカート

戦う準備

村を防衛するためにオメラを訓練したマンドーは、彼女の生存本能とブラスターの腕前に感心し、十分に敵と渡り合えると判断する。

オメラとウィンタは、クラトゥイニアンの襲撃者たちから身を隠す。

防水長靴

OOLA
ウーラ

トワイレックのダンサー

DATA FILE

所属：ジャバの宮殿
出身惑星：ライロス
種族：トワイレック
身長：1.6m
登場作品：VI
参照：ジャバ・ザ・ハット

緑色の肌をもつトワイレックのダンサー、ウーラは、残酷な犯罪王ジャバ・ザ・ハットに奴隷として仕えている。ライロスの部族からウーラを連れだしたのは、ジャバの執事であるビブ・フォーチュナだった。彼の命令でほかのトワイレックの娘たちにエキゾチックな踊りを仕込まれたウーラは、ジャバの気が向いたときに踊らされる。

レック
（ヘッド＝テール）

革紐

ウーラは恐ろしいランコアの住みかに落とされる。

露出度の高い
フィッシュネットの
コスチューム

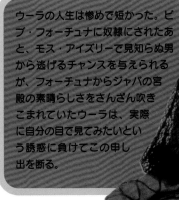

ウーラの人生は惨めで短かった。ビブ・フォーチュナに奴隷にされたあと、モス・アイズリーで見知らぬ男から逃げるチャンスを与えられるが、フォーチュナからジャバの宮殿の素晴らしさをさんざん吹きこまれていたウーラは、実際に自分の目で見てみたいという誘惑に負けてこの申し出を断る。

陰惨な最期

タトゥイーンの宮殿に連れてこられた踊り子のウーラは、ジャバに特別気に入られ、玉座に鎖で繋がれるはめになった。だが、あるとき彼女がしつこい要求を拒むと、激怒したジャバが広間の床にある落とし戸を開く。哀れなウーラは地下に落ち、猛獣ランコアの餌食となった。

OPPO RANCISIS
オポー・ランシセス

ジェダイ評議会のメンバー

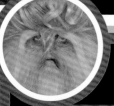

DATA FILE

所属：ジェダイ
出身惑星：シスピアス
種族：シスピアシアン
体長：5.49m
登場作品：I、II
参照：ヤドル

シスピアシアンのジェダイ・マスターで、ハイ・リパブリックと呼ばれる共和国最盛期から評議会のメンバーを務めているオポー・ランシセスは、幼いときにジェダイ・オーダーに加わり、マスター・ヤドルのもとで訓練を積んだ。その後、シスピアスの王位継承権を差しだされたが、ジェダイとして銀河に仕えるため断った。現在はジェダイの首席軍事顧問である。

密生した髪のおかげでシスピアスの害虫シグナットに頭皮を噛まれずにすむ

有能な戦略家であるランシセスは、ひとたび話し合いが決裂すれば、軍が巧妙かつ効果的に作戦を遂行できるよう助言を与える。クローン大戦では、サルーカマイの包囲攻撃には加わるものの、コルサントに留まって銀河各地で戦う共和国軍の動きを調整することが多かった。彼はオーダー66を生き延びたという噂がある。

マスター・ジェダイ

ランシセスは緑色の光刃をふるうのも得意だが、どちらかと言えばフォースの力で戦うことを好む。鉤爪のある4本の腕と長い尻尾で敵の意表を突くため、素手の戦いでも侮りがたい相手となる。

もう一対の手は外套の下に隠されている

先端が鉤爪になった指

オーソン・クレニック

兵器研究部門の長官

DATA FILE

所属：帝国
出身惑星：レクスラル
種族：人間
身長：1.8m
登場作品：RO
参照：ゲイレン・アーソ、
　　　グランドモフ・ターキン、
　　　ジン・アーソ、ソウ・ゲレラ

帝国の先進兵器研究部門の長官を務めるオーソン・クレニックは、のちにデス・スターを開発するシンクタンク、ターキン・イニシアチヴを率いている。科学的な思考と容赦なく上を目指す野心により、彼は上位高官の地位を手に入れた。

暗号化された
キー・シリンダー

宇宙軍提督と同等の
身分であることを
示す階級章

DT-29重ブラスター・
ピストル

クレニックの権力への渇望は留まるところを知らないが、帝国の指導者に仕える立場には危険がともなう。ジェダで行われた超兵器のテスト発射を無事成功させたあとでさえ、クレニックは職も命も失わずにダース・ベイダーとの会合を切り抜けられたことに胸を撫でおろす。

カイバー・クリスタルの驚異的な可能性を見てとったクレニックの頭に最初に浮かんだのは、その技術を兵器の開発に利用することだった。

何よりも科学優先

クレニックは、ともに科学を学んだゲイレン・アーソの研究に恐ろしい可能性が秘められていることに気づく。研究の成果を兵器に役立てることをアーソが拒否すると、この残虐な帝国軍長官は、まったく良心の呵責を覚えることなくアーソを捕らえ、彼の家庭を引き裂き、無理やりこの友を働かせる。

オーウェン・ラーズ

ルーク・スカイウォーカーの保護者

DATA FILE

所属：なし
出身惑星：タトゥイーン
種族：人間
身長：1.7m
登場作品：II、III、IV
参照：ベルー・ラーズ、
　　　クリーグ・ラーズ、
　　　ルーク・スカイウォーカー

新婚ほやほやの若者オーウェン・ラーズは、赤ん坊を引き取って育てるという大きな決断を下した。しかも、ルークと名付けられたその子の母親は出産直後に息を引きとり、実父ダース・ベイダーには赤ん坊の存在を知られてはならないとあって、オーウェンは "甥" を得ると同時に心配の種を抱えることになった。

アンカーヘッドで作られた
粗織布の服

寒い砂漠の夜も
暖かく過ごせるシンプルな
オーバーコート

道具を入れるポーチ

クリーグ・ラーズと最初の妻アイカのあいだに生まれ、人生のほとんどをタトゥイーンにある父の農場で過ごしてきた若きオーウェンは、近くの町アンカーヘッドで出会ったベルーと恋に落ち、結婚する。アナキンの息子を自分たちで育てようと、しぶるオーウェンを説得したのは、このベルーだった。

農場の暮らし

父の死後に受け継いだ農場でルークを育てながら、オーウェンは砂漠の大気から貴重な水分を集める水分抽出機のメンテナンスに明け暮れる。やがて10代になったルークは農場の手伝いに飽き足らず広い世界に出て行きたがるが、オーウェンは長年のあいだに習慣となった厳しい保護者の役割をなかなか捨てられない。そんなある日、彼は農場に立ち寄ったジャワから "中古の" ドロイドを買う。

オーウェンと妻のベルー、父親のクリーグが、ルークの両親であるアナキンとパドメに会ったのは1度だけだ。

PADMÉ AMIDALA
パドメ・アミダラ
ナブーの女王から元老院議員へ

DATA FILE

所属：ナブー王室／銀河元老院
出身惑星：ナブー
種族：人間
身長：1.65m
登場作品：I、II、III
参照：アナキン・スカイウォーカー、
　　　キャプテン・パナカ、サーベ

敵がよく見えるように
後ろでまとめた髪

パドメ・アミダラは銀河で起こる重要な出来事を、その中心で経験してきた。故郷の惑星ナブーが侵略されたときは女王として人々を守るために立ちあがり、死刑判決を受けたジオノーシスではクローン大戦の始まりを目の当たりにした。元老院議員として在任中に暗殺されそうになったことも一度や二度ではないが、パドメはどんな窮地に立たされようと、固い決意と大きな勇気で乗り越える。

ユーティリティ・
ベルト

ナブーの小さな村で育ったパドメは、非凡な才能を開花させ、わずか14歳で女王に選ばれた。やがて定められた任期が終わりに近づくと、ナブーを代表する元老院議員に選出された。銀河の首都惑星コルサントでアナキン・スカイウォーカーと再会したあと、ふたりは急速に親しくなる。

女王から戦士へ

大切に守ってきた非暴力主義では、分離主義勢力の非情なドロイド軍の侵略からナブーの人々を救うことはできない。ナブーが突然トレード・フェデレーションに封鎖され、圧倒的な戦力を持つドロイド軍に占領されたあと、それを痛感した若き女王パドメ・アミダラは、女王の衣装を脱ぎ捨てて自らナブーの兵士を率い、ニモーディアンのリーダーたちを捕らえて侵略に終止符を打つことを決意する。

軽量の装甲すね当て

死を覚悟したパドメとアナキンは、ジェダイの規律に反すると知りつつ、たがいへの愛を打ち明けあう。

靴底が滑らない戦闘用ブーツ

ペイジ・ティコ

レジスタンスの砲手

いつか広い銀河を目にしたいと夢見るペイジとローズは、レジスタンスに加わることも含め、これまでなんでも一緒にやってきた仲の良い姉妹だ。ペイジはレジスタンスの砲手およびパイロットとして、これまで銀河各地で数々の任務を成功させている。

DATA FILE

所属：レジスタンス
出身惑星：ヘイズ・マイナー
種族：人間
身長：不明
登場作品：VIII
参照：ローズ・ティコ、
　　　タリサン・"ターリー"・
　　　リントラ

きつめの飛行キャップ

飛行ベストの襟には浮力材が入っている

空気ホース

レジスタンスの爆撃機、MG-100スターフォトレスで下部砲手を務めるペイジは、爆弾層の下にある球形の回転砲塔に座って連射式レーザー砲を撃つ。パイロットには迷信深い者が多いが、ペイジもその例外ではなく、ときに幸運のお守りとして、受け持ちの砲座の支柱に妹と対のメダルを巻きつける。

ペイジはコバルト中隊で、MG-100スターフォートレス爆撃機、コバルト・ハンマーで砲手を務める。

レジスタンスの英雄

惑星ディカーで、レジスタンスはファースト・オーダーのドレッドノート艦を爆破できる貴重なチャンスを手に入れるが、誰も爆弾を投下することができなかった。すべての望みが絶たれたように思えたそのとき、ペイジは最後の力を振りしぼり、1048基のプロトン爆弾を放つ——その後の爆発で彼女は命を落としたが、敵艦フルミナトリックスは大破し、レジスタンスの艦隊は無事この戦いを生き延びる。

PALPATINE
パルパティーン

シス卿にして銀河帝国の皇帝

DATA FILE

所属：シス／共和国／帝国／
　　　シス・エターナル

出身惑星：ナブー

種族：人間

身長：1.78m

登場作品：I、II、III、V、VI、IX

参照：ダース・ベイダー

顔を隠すため
のフード

パルパティーンは銀河共和国とジェダイ・オーダーを壊滅させるため、陰で策略を練り、クローン大戦を勃発させる。

パルパティーンには多くの呼称がある。ナブーに生まれ、故郷を代表する元老院議員となったときはシーヴ・パルパティーンだったが、やがて議会で選出されてからはパルパティーン最高議長と呼ばれ、ついには銀河を支配するため自ら宣言してパルパティーン皇帝となった。彼の狙いは初めから、絶対的な権力を握ることだったのだ。パルパティーンは、銀河史上もっとも邪悪なシス卿、ダース・シディアスという秘密の呼び名も持っている。

パルパティーンは周囲にいる者たちすべてから、真の正体を隠し通している。何年も控えめで忍耐強い議員を演じてきたため、彼の政治的野心に気づいた者はごくわずかだ。とてつもないダークサイドの力により、ジェダイですらその温和な仮面の下に隠された真の姿を見抜けなかった。

ベイダーがムスタファーで倒れたことを察知したパルパティーンは、急いで弟子のもとに駆けつける。

シス・エターナル

第2デス・スターでシャフトに落ち、誰もが死んだと思ったが、パルパティーンは忠実なシス・カルトの力を借り、クローンとして生き続けていた。だが、すぐに劣化するクローンの体では皇帝の座に返り咲き、再び銀河を支配することはできない。禁断の医学を用いて強大な力をわがものにしようと、パルパティーンはレイを自分のもとにおびき寄せる。

パオ

反乱同盟軍の猛々しい伍長

DATA FILE

所属：反乱同盟
出身惑星：パイパダ
種族：ドラバタン
身長：1.72m
登場作品：RO
参照：ビスタン

バックパックに
付いたアンテナ

パオは、反乱同盟軍特殊部隊の兵士だ。戦いでは、パオの姿が見える前に、その雄叫びが響きわたる。パオはドラバタン特有の野太い声で、ときの声をあげるのだ。

闇市で手に入れた
ブラスター

外付けのティバナ・
ガス・チャンバー

構造エンジニアリングを学んだ爆発物の専門家でもあるパオは、とくに水中の爆破任務を専門としている。水陸両生種族であるため陸地でも水中でも自由自在に動きまわることができるが、スカリフのような塩水よりは淡水を好む。

パオは何よりも戦いが好きだが、帝国への憎しみはそれを上回る。

水をはじく野戦服

恐れを知らぬ戦士

パオはスカリフからデス・スターの設計図を盗みだす任務に躊躇せず志願し、"ローグ・ワン"のひとりとして銀河史上にその名を残すことになった。パオと彼の部隊の任務は、ジン・アーソとキャシアン・アンドーがシタデル・タワーに侵入できるよう、地表で陽動作戦を繰り広げ、10人の兵士を100人に見せることだ。

PATROL TROOPER
パトロール・トルーパー

コロネット・シティ警察

DATA FILE

所属：帝国
出身惑星：さまざま
種族：人間
身長（平均）：1.83m
標準装備：C-PHパトロール・
　　　　　スピーダー・バイク、
　　　　　EC-17ホールド＝
　　　　　アウト・ブラスター
登場作品：S
参照：スカウト・トルーパー

大きめのヘルメットには改良された
視覚ディスプレイが内蔵されている

帝国が新たに獲得した惑星に対する支配力を強めるにつれ、法の執行に特化した部隊が地元の防衛組織に取って代わった。パトロール・トルーパーは、帝国では都市部を取り締まるストームトルーパーの役割を果たしている。

アーマーより
ずっと動きやすい
布地のズボン

パトロール・トルーパーは、コロネット・シティを猛スピードで逃走するハン・ソロとキーラを捕らえ損ねた。

パトロール・トルーパーはいわば、エンドアの森の月に配属されたスカウト・トルーパーの都市版である。都市部の通りを巡回し、法と秩序を維持する彼らは、スカウト・トルーパー同様、保護ヘルメットと胸部のアーマーのみを装着し、ストームトルーパーのようにフル＝ボディのアーマーは着けない。

都市用のスピーダー

コレリアでは、パトロール・トルーパーはC-PHパトロール・スピーダー・バイクに乗っている。このずんぐりしたひとり乗り用のバイクは、狭い場所にも入っていけるほど小型で、衝突に強い。パトロール・トルーパーは渋滞などを避けるため、リアルタイムで道路情報を受信する。

PAZ VIZSLA

パズ・ヴィズラ

重歩兵マンダロリアン

DATA FILE

所属：マンダロリアン

出身惑星：マンダロア

種族：人間

身長：1.91m

登場作品：M

参照：アーマラー、
　　　グローグー、
　　　マンダロリアン
　　　（マンドー）

短気で高慢なパズ・ヴィズラは、少人数のマンダロリアンの同胞たちとネヴァロに住み、自分たちの歴史や伝統の保護に努めている。彼は帝国を憎んでおり、どんな理由にせよ帝国のために働く者を忌み嫌っている。

赤外線
スコープ

装甲が強化された
胸部プレート

火炎放射器

パズ・ヴィズラはマンドーが帝国軍のベスカーを報酬として受けとったことを知り、マンドーに戦いを挑む。だが、マンダロリアの道を選んだ者を疑うことも臆病者呼ばわりすることも許されないとアーマラーに諭され、怒りをおさめる。

青いベスカー・アーマー

飛行中の
バランスを取る
重力スタビライザー

パズ・ヴィズラは、マンダロリアン戦士の伝統を重んじる意味をマンドーに問いかける。

救出へ

パズ・ヴィズラが率いるマンダロリアンのグループは、賞金稼ぎに狙われたグローグーを守るマンドーを救出すべくジェットパックで舞い降りる。パズ・ヴィズラは重連射式ブラスターを敵に浴びせ、マンドーのために援護射撃を行った。

ペリ・モットー

モス・アイズリーのメカニック

DATA FILE

所属：なし（独立）
出身惑星：タトゥイーン
種族：人間
身長：1.55m
登場作品：M
参照：フロッグ・レディ、
　　　グローグー、
　　　マンダロリアン
　　　（マンドー）

タトゥイーンの宇宙港にハンガーを所有するペリ・モットーは、ピット・ドロイドと組んで宇宙船の修理と給油を引き受けるメカニックだ。怒りっぽく、歯に衣着せず思ったことをそのまま口にするが、人情に篤く、助けを必要とする者にはやさしい。

ラッパ型の銃口を持つ
ドンダーバス・ブラスター・ライフル

ツール・ベルトに常備された
ドロイド抑制用リング

診断スキャナーなどの
ガジェットが入った袋

相手の性格を見抜くのが得意なペリ・モットーは、マンドーならフロッグ・レディを助けられると見こんで、ふたりを引き合わせる。そして、フロッグ・レディの血筋を絶やさないために、卵を持った彼女を夫のいる衛星に連れて行くべきだとマンドーを説得した。

イディオット・アレイ

サバックが上手いペリ・モットーは、モス・アイズリーのカンティーナでサバックのゲームに興じ、イディオット・アレイと呼ばれる最強の手で相手を負かす。

すぐにグローグーと打ち解けたペリ・モットーは、この小さなかわいいエイリアンの子守を引き受ける。

作業用のつなぎ

プロ・クーン

ジェダイ評議会のメンバー

DATA FILE

所属：ジェダイ

出身惑星：ドリン

種族：ケル・ドア

身長：1.88m

登場作品：I、II、III

参照：キ＝アディ＝ムンディ、
クワイ＝ガン・ジン

抗酸素
マスク

プロ・クーンのスターファイターは、ニモーディアンの惑星であるケイト・ニモーディアの都市に墜落し、炎上した。

全身を覆う分厚い皮膚

ゆったりした
ジェダイの外套

ジェダイ評議会のメンバーであるプロ・クーンは、クローン大戦ではジェダイの将軍として兵を率いた。強いテレキネシス力を持つクーンは、恐るべき戦闘技術を誇る最強のジェダイのひとりだ。彼はまたアソーカ・タノという幼子を見出し、ジェダイ・オーダーに加えた。

ドリン出身のケル・ドアであるプロ・クーンは、大気に酸素が多く含まれるコルサントのような惑星では、敏感な目と鼻を守るために特殊なマスクを着ける。クローン大戦では、ジオノーシスをはじめとする、さまざまな惑星でクローン兵士を率いて果敢に戦った。

悲劇的な任務

クローン大戦の終わり、優れたパイロットでもあるプロ・クーンがスターファイター中隊を率いてケイト・ニモーディアの軌道をパトロールしていると、いきなり味方のスターファイターが攻撃を仕掛けてきた。オーダー66が発令され、あらかじめプログラムされているすべてのクローンがジェダイのリーダーに襲いかかったのだ。クーンは、砲火を浴びて墜落したスターファイターと命運をともにした。

戦闘および
飛行に適した
ブーツ

ポー・ダメロン

銀河一のパイロット

DATA FILE

所属：レジスタンス

出身衛星：ヤヴィン4

種族：人間

身長：1.75m

登場作品：VII、VIII、IX

参照：BB-8、フィン、
　　　プリンセス・レイア、レイ、
　　　ゾーリ・ブリス

ポーは惑星キジーミで、訳ありの知り合いの
ゾーリ・ブリスと再会を果たす。

驚嘆に値する操縦技術と並はずれた反射神経を持つポー・ダメロンは、レジスタンスのスターファイター部隊を指揮している。彼はブラック・リーダーとして特別に改良されたT-70Xウイングの操縦桿を握り、ファースト・オーダーとの数々の戦いに臨む。

断熱飛行スーツ

ポー・ダメロンはAウイングに乗りエンドアで戦った母のシャラ・ベイから、反乱同盟軍パイロットの伝説を聞いて育った。ポーの父は反乱同盟軍のパスファインダー部隊で活躍したケス・ダメロンだ。

グリー44ブラスター

反抗心旺盛な男

ポー・ダメロンは惑星ディカー上で、大胆不敵な作戦に打って出た。小回りのきくスターファイターでファースト・オーダーのドレッドノート艦フルミナトリックスに接近すると、局所防衛砲台を破壊し、撤退せよという命令にそむいてボマー中隊を先導したのだ。その結果ドレッドノート艦の撃墜には成功したが、彼が率いた爆撃機中隊は全滅した。

ポグル・ザ・レッサー

ジオノーシスの大公

ジオノーシスの大公、ポグル・ザ・レッサーは、主なハイヴ・コロニーに君臨するスタルガシン・ハイヴの統治者である。彼の工場では、おびただしい数の虐げられたドローンが昼夜を分かたず酷使され、大量のバトル・ドロイドを造りだしている。

DATA FILE

所属：分離主義勢力
出身惑星：ジオノーシス
種族：ジオノージアン
身長：1.83m
登場作品：II、III
参照：ドゥークー伯爵、
　　　ジオノージアン・
　　　ソルジャー

長い肉だれ

高い階級を
示す翼

貴族の飾り

司令杖

ポグルは鉄のように強い意志の力で低い階級から大公にのし上がり、ジオノージアン貴族の表の顔として武器売買を取り仕切っている。だが、惑星の真の支配者は巨大なカリーナ女王である。カリーナはジオノーシスにあるプロゲイト寺院の地下の巣窟でせっせと卵を産み、ジオノージアンを"生産"している。

会議の主宰者

ポグル・ザ・レッサーは、分離主義勢力のリーダーが初めて顔を合わせる会議をジオノーシスで主宰する。スパイ容疑で捕まったアナキン・スカイウォーカー、オビ＝ワン・ケノービ、パドメ・アミダラを裁き、3人に死刑を宣告したのもポグルだ。共和国軍が攻撃してくると、彼はほかのリーダーたちとともに地下に避難する。

超兵器の設計を依頼されたポグルは、ドゥークー伯爵に出来上がった設計図を手渡す。

ポンダ・バーバ

アクアリッシュの悪党

DATA FILE

所属：密輸業者
出身惑星：アンドー
種族：アクアリッシュ
身長：1.7m
登場作品：IV
参照：ドクター・エヴァザン、
　　　オビ=ワン・ケノービ

故郷の惑星で、
水中でものを見るために
発達した大きな目

年齢とともに
大きくなる
顔の突起

モス・アイズリーの悪名高いカンティーナにたむろする、アクアリッシュのごろつき、ポンダ・バーバは、タトゥイーンを出る宇宙船を探してオビ=ワン・ケノービと店に入ってきたルーク・スカイウォーカーにけんかを吹っかける。ポンダ・バーバがおかした大きな間違いは、ジェダイの連れに言いがかりをつけたことだった。

ポンダ・バーバとドクター・エヴァザンはともにジャバ・ザ・ハットに雇われてスパイスを運んでいる。カンティーナの騒動のあと、エヴァザンは外科医の腕をふるってポンダ・バーバの腕をもとに戻そうとして失敗し、危うく彼を殺しかけた。

ポンダ・バーバはドクター・エヴァザンの命を助けたことから、彼と知り合う。

カンティーナの騒動

ポンダ・バーバとワルの相棒ドクター・エヴァザンは、カンティーナに入ってきたおいぼれを見くびったために、とんだ不運に見舞われた。その老人はなんとライトセーバーでバーバの右腕をすっぱり切り落としたのだ。ルークにとっても、初めて見るケノービのライトセーバーの腕前は天啓であり、銀河にジェダイが戻ったことを予感させるものだった。

プレトリアン・ガード

最後の砦

DATA FILE

所属：ファースト・オーダー

出身惑星：不明

種族：人間

身長：さまざま

標準装備：ビラリ・エレクトロ＝
チェーン・ウィップ、
エレクトロ眉尖刀、
ツイン・バイブロ＝
アービア・ブレード、
バイブロ＝ヴージュ

登場作品：VIII

参照：カイロ・レン、
最高指導者スノーク

分割されたアーマー・プレート

ツイン・バイブロ＝
アーバー・ブレード

常に警戒を怠らないプレトリアン・ガードは、いつでもスノークの敵を相手に戦う準備ができている。

8人の衛兵からなるプレトリアン・ガードは、最高指導者スノークの旗艦スプレマシーの謁見室で彼のそばに控え、エリート・ボディガードとしての役割を果たしている。

プレトリアン・ガードのアーマーの色は、パルパティーン皇帝のロイヤル・ガードが着用していた深紅のローブに由来する。ただし、スノークの護衛のアーマーは強化され、ブラスターのビームを偏向させることができる。

アーマーウィーブの
ローブ

優雅な戦士

プレトリアン・ガードは、エレクトロ＝プラズマ・エネルギーがほとばしる高周波振動の接近戦用武器を手に、ユニークな格闘技を用いて戦う。しかし、彼らは強力なフォースを持つ敵を相手に戦ったことは一度もなかった。

PRINCESS LEIA
プリンセス・レイア
レジスタンスの将軍

DATA FILE

所属：反乱同盟／レジスタンス

出身惑星：オルデラン

種族：人間

身長：1.55m

登場作品：III、RO、IV、V、VI、
　　　　　VII、VIII、IX

参照：ベイル・オーガナ、
　　　ハン・ソロ、
　　　ルーク・スカイウォーカー

オルデラン選出の元老院議員だったプリンセス・レイア・オーガナは、専用の宇宙船タンティヴIVで銀河を飛びまわり、外交任務を果たしていた。だが、その一方でひそかに反乱同盟軍のために働き、帝国を滅ぼす戦いできわめて重要な役目を果たす。

レジスタンスの軍服

養父ベイル・オーガナに、オルデラン王室のプリンセスとして育てられたレイアは、さまざまな惑星政府の高官や貴族とのつながりを、できるかぎり反乱同盟軍のために役立てた。帝国の崩壊後ようやく訪れた平和な時代には、新政府の安定と新たな家族の幸せに心を傾けるが、銀河にまたしても暗雲がたれこめるといち早くそれを察知して、再び軍司令官としての役割を担う。

決断力に富んだリーダー

レイアは反乱同盟軍のリーダーとして、ライカン将軍やほかの指揮官とともに重要な任務を監督し、戦略を立てる。惑星ホスのエコー基地では、帝国軍の探知を警戒してスキャナーのモニタリングも欠かさない。

エンドアの戦いのあと、レイアは兄ルーク・スカイウォーカーのもとでジェダイとしての訓練に励む。

旅行用ブーツ

PZ-4CO

PZ-4CO

通信ドロイド

DATA FILE

所属：レジスタンス
型：通信ドロイド
製造企業：サーヴ＝オー＝ドロイド
体高：2.06m
登場作品：VII、VIII
参照：スタトゥラ提督、C-3PO、
　　　コニックス中尉、
　　　プリンセス・レイア

常にレジスタンス基地の指令室にいる"ピージィ"ことPZ-4COは、重要な作戦の遂行中は戦術データを提供し、通信をサポートする。PZ-4COは穏やかな女性の声で話す。

長い首

データ保管センター

モーター間の
始動カプラー

器用な手

ほとんどのプロトコル・ドロイドは、仕える種族の形を真似て設計される。したがって、ヒューマノイド種族が大半を占めるこの銀河では、ヒューマノイド型のプロトコル・ドロイドが圧倒的に多い。PZ-4COの外観は、首の長いトファリド種族をモデルにしている。

諜報ドロイド

銀河各地のドロイドが、レジスタンスのスパイ・ドロイド・ネットワークを通してディカー基地に情報を送ってくる。PZ-4COはC-3POとともにその報告を分析および評価し、レジスタンスがファースト・オーダーの動きをリアルタイムで把握するのを手伝う。

Q9-0

プロトコル・ドロイドの傭兵

DATA FILE

所属：ランザー・マルクのクルー
型：プロトコル・ドロイド
製造企業：不明
体高：1.8m
登場作品：M
参照：フロッグ・レディ、
　　　ランザー・マルク、シアン

通信用アンテナ

フロッグ・レディはQ9-0のボキャブレーターを利用して、マンドーことディン・ジャリンと会話をする。

鏡のようなドームの裏には、昆虫のようなフォトレセプターがある

リチャージ・ポート

ヴァンブレイス（前腕の防具）

ブラスターの修理部品が入ったポケット

改造されたプロトコル・ドロイドのQ9-0は、ランザー・マルクのクルーとしてレイザー・クレストを操縦する。自分の知性と身体機能は人間やほかの"生命体"よりも上だと確信するQ9-0は、臆することなく仲間にそう告げる。

Q9-0を知る者は、このドロイドを"ゼロ"と呼ぶ。改造を施されたプログラミングにより、ゼロは人間にはとうてい真似できない複雑な操縦をやってのける。

リスク・アセスメント

Q9-0はグリーフ・カルガからのホロ・メッセージを再生した直後、グローグーを殺そうとする──グローグーの賞金を獲得するのが最優先だと判断したのだ。ディン・ジャリンはその寸前に宇宙船に戻ってQ9-0を撃ち、グローグーを助けた。

QI'RA
キーラ

クリムゾン・ドーンの副官

DATA FILE

所属：クリムゾン・ドーン
出身惑星：コレリア
種族：人間
身長：1.58m
登場作品：S
参照：ドライデン・ヴォス、
　　　ハン・ソロ、モール

キーラは昔の境遇からは考えられないほど大きな出世を遂げる。かつては貧困に苦しむ孤児で、ハン・ソロと同じホワイト・ワームズ・ギャング団の下っ端"スクラムラット"だったキーラだが、いまや悪名高い犯罪組織の頭領ドライデン・ヴォスの右腕として采配を振るっているのだ。

ヴーアパック毛皮の
裏地が付いた
ムーフ革ジャケット

コアクシウム強奪作戦でケッセルのスパイス鉱山に侵入するため、キーラは奴隷業者に扮する。

ドライデン・ヴォスの副官という地位にはさまざまな特典があるものの、クリムゾン・ドーンの仕事には危険がともなう。キーラは抜けめなく、ときには非情に立ちまわって、過酷な犯罪組織で生き延びている。彼女が戦略とテラス・カシの武術に長けていることに気づかずにただの若い娘だと軽んじる者は多い。しかしキーラはそのあいだも、忍耐強く相手を観察し、人々の会話に耳を傾け、チャンスをうかがっている。

甘く見てはいけない

キーラはドライデン・ヴォスを殺し、それと同時にクリムゾン・ドーンと自分を結びつけていた鎖も断ち切る。しかし、キーラはハンたちと逃げる代わりに真の野心をあらわにする──冷静に損得を秤にかけてヴォスの代わりにクリムゾン・ドーンの表の顔となり、モール直属の部下となったのだ。

クイン

トワイレックの傭兵

DATA FILE

所属：ランザー・マルクのクルー
出身惑星：ライロス
種族：トワイレック
身長：1.8m
登場作品：M
参照：ランザー・マルク、
　　　マンダロリアン（マンドー）、
　　　シアン

レック

ランザー・マルクのクルーによる任務
が失敗したあと、クインは新共和国の囚人
X-6-9-11となった。短気なクインは、自分
を置き去りにしたとマンダロリアンのディ
ン・ジャリンを責め、彼の名前を宿敵リ
ストに加える。

作業用のグローブ

いらだちを示す、握りしめた拳

トワイレック種族の肌の色は、紫、青、
緑、ピンク、オレンジ、赤、黄と実にさ
まざまである。ほとんどのトワイレックの
レックは2本だが、政治家のオーン・フ
リー・ターのように4本のレックを持つ
者もいる。トワイレックたちは訓練により
レックを鍛える。

兄と妹の絆

クインの救出チームには、彼の双子の妹シアンも含ま
れていた。クインは妹を守るためなら人殺しもいとわ
ないが、妹の命か自分の自由のどちらかを選ばねばなら
ないときは──常に自分を優先する。

ミグズ・メイフェルド、バーグ、クイン、シアンは、
脱獄任務の最中、最悪の事態を覚悟する。

キルティングレザーの
ゲートル

アパイラナ女王

ナブーの女王

DATA FILE

所属：共和国
出身惑星：ナブー
種族：人間
身長：1.57m
登場作品：III
参照：パドメ・アミダラ

パドメ・アミダラへの
賛辞を表す
扇形の頭飾り

若いとはいえ、アパイラナ女王はナブーの人々が治世者に求める資質——純粋で、心が清く、故郷の平和を守ろうとする献身的な姿勢——を十分に備えている。

ナブー王室の古い習慣である
白い化粧

ヴェーダ真珠を使った
サスペンサー

サーリンのケープ

アパイラナはクローン大戦の終わりごろ、ジャミーラ女王の後任を務めていたニーユートニーの後を継ぎ、ナブーの歴史上最年少——わずか12才——の君主となった。

チャーシルクの服喪ローブ

ナブーで行われたパドメ・アミダラの葬儀では、何千という市民がアミダラの死を悼み、シードの街を墓地へと向かう棺にしたがった。

揺るがぬ信念

アパイラナ女王はナブーで行われたパドメ・アミダラの葬儀で、その死を深く悲しんだ者のひとりだった。選挙に立候補するアパイラナをパドメは心から応援してくれたのだ。アパイラナは、パドメが謀反を起こしたジェダイに殺されたという公式発表をひそかに疑っている。

クワイ＝ガン・ジン

"選ばれし者"を見出したジェダイ

DATA FILE

所属：ジェダイ
出身惑星：コルサント
種族：人間
身長：1.93m
登場作品：Ⅰ
参照：アナキン・スカイウォーカー、
　　　オビ＝ワン・ケノービ

クワイ＝ガン・ジンはシス──ダース・モール──と戦った数少ないジェダイのひとりだ。

視界を広く保つため、後ろでまとめた長い髪

クワイ＝ガンは死ぬ間際に、アナキンを訓練するようオビ＝ワンに言い残す。

クワイ＝ガン・ジンは経験豊かなジェダイだが、自分の信念を頑として曲げない男でもある。彼はパダワンとしてドゥークー伯爵のもとで学び、オビ＝ワン・ケノービの師として彼を教え導いた。ときとして好んで危険をおかすかのようなクワイ＝ガンの行動はジェダイ評議会の批判を招くことがあり、これまでのところ、一度も評議会への誘いを受けたことがない。

ジェダイのチュニック

選ばれし者

アナキン・スカイウォーカー少年と出会ったクワイ＝ガン・ジンは、予言に登場する、フォースにバランスをもたらす者を見つけたと信じ、アナキンの所有者であるワトーにイチかバチかの賭けをもちかける。アナキンがポッド・レースに勝てば、ワトーはこの少年を自由の身にする。負ければクワイ＝ガンは自分が乗ってきた宇宙船をワトーに与える、と。クワイ＝ガンは見事レースに勝ったアナキンをコルサントにともなうが、評議会のジェダイたちの反応はさまざまだった。

クワイ＝ガン・ジンは銀河共和国のために果敢に戦うが、ダークサイドの荒々しいエネルギーに満ちたダース・モールに倒される。しかし、彼は死後にフォースのなかで生き続ける術を学んだ最初のジェダイとなり、やがてこの術をオビ＝ワン・ケノービ、ヨーダ、アナキン・スカイウォーカーに伝授する。

頑丈な旅行用ブーツ

R2-D2

R2-D2

銀河一勇敢なドロイド

R2-D2はふつうのアストロメク・ドロイドではない。長い年月にわたって多くの冒険を経験したことにより、ほかのドロイドにはない個性が備わったのだ。頑固だが創意と工夫に富むR2-D2のモットーは、どんな任務も成功させること。R2-D2は口笛のような電子音で話すことしかできないが、ほとんどの場合、自分の主張をはっきりと相手に伝える！

DATA FILE

所属：共和国／反乱同盟／
　　　レジスタンス
型：アストロメク・ドロイド
製造企業：インダストリアル・
　　　　　オートマトン
体高：1.09m
登場作品：I、II、III、RO、IV、
　　　　　V、VI、M、VII、
　　　　　VIII、IX
参照：C-3PO、ルーク・
　　　スカイウォーカー、
　　　プリンセス・レイア

ホログラフィック・
プロジェクター

伸長する腕やジェット噴射装置など、R2-D2は多くの仕掛けを隠し持っている。

R2-D2が初めてほかのドロイドと明らかに異なる特徴を示したのは、アミダラ女王一行とロイヤル・スターシップでナブーを脱出したときだった。その後クローン大戦中はアナキン・スカイウォーカーの、銀河大戦時にはもっぱらルーク・スカイウォーカーのスターファイターのソケットに収まり、有能なアストロメク・ドロイドとして操縦を補佐する。

パワーバス・
ケーブル

モーターで動く
全地形トレッド

危険な任務

R2-D2はクローン大戦の終わりに、ベイル・オーガナの外交船に配属された。それから十数年後、反乱同盟軍が帝国軍から盗んだデス・スターの設計図とオビ＝ワン・ケノービに宛てた緊急メッセージをプリンセス・レイアから託されると、自分の身に起こりうるどんな危険にもひるまず、この任務を遂行する。

R4-P17

オビ=ワン・ケノービのアストロメク・ドロイド

DATA FILE

所属：共和国
型：アストロメク・ドロイド
製造企業：インダストリアル・
　　　　　オートマトン
体高：96cm
登場作品：II、III
参照：オビ=ワン・ケノービ

オビ=ワン・ケノービの赤いスターファイターのソケットに収まるのは、頼りになるアストロメク・ドロイド、R4-P17だ。クローン大戦の直前、ケノービがジャンゴ・フェットを追ってジオノーシスの軌道を取り巻く小惑星の環のなかに入ったとき、副操縦士役を務めたのもR4-P17だった。クローン大戦では、テスの戦いを含め多くの戦いでケノービを補佐した。

R4-P17は飛ぶことが嫌いなオビ=ワン・ケノービに代わって、飛行中ほとんどの作業を行うが、派手な飛び方や凝った技を披露するのはやめてくれと、しばしばケノービに釘を刺される。

搭乗時の論理機能
ディスプレー

コルサントの戦いで、R4-P17はバズ・ドロイドにドーム型の頭を切られてしまう。

さまざまなツールを
覆うパネル

アストロメクの
標準アーム

トレッドを用いた
駆動装置

改造されたR4-P17

クローン大戦の前、R4-P17はケノービのスターファイターの細い翼のなかに収まるように、特別改造の胴体を与えられた。その後、最新型スターファイターに対応するよう再改造され、完全なアストロメクの胴体に戻された。

R5-D4

壊れるように細工されたアストロメク・ドロイド

DATA FILE

所属：なし
型：アストロメク・ドロイド
製造企業：インダストリアル・
　　　　　オートマトン
体高：97cm
登場作品：II、IV、M
参照：ジャワ、オーウェン・ラーズ、
　　　R2-D2

"赤いの (レッド)" とも呼ばれるR5-D4は、タトゥイーンでジャワがオーウェン・ラーズに売りつけた白と赤のアストロメク・ドロイドだ。ところが、買った直後にモチベーターが爆発し、オーウェンはこのドロイドをジャワに突き返す。C-3POはこのチャンスを逃さず、代わりにR2-D2を買うようオーウェンに勧めた。

フォトレセプター

R5-D4は、モス・アイズリー宇宙港のハンガー・ベイ3-5を所有するペリ・モットーに買われた。

R5-D4は、より高度な性能を持つR2ユニットの安価版シリーズである。そのため頻繁に故障するだけでなく、反抗的なものが多い。

システム・リンケージと修理用アームを覆うパネル

リチャージ・カップリング

起伏のある地形でバランスをとるための3つめのトレッド

破壊工作

オーウェンとルークは知らないが、実はR2-D2がサンドクローラー内でR5-D4に破壊工作を行っていたのだ。通常、ドロイドはプログラミングによりほかのドロイドに細工することを全面的に禁じられている。しかし、R2はレイアから、どんな犠牲を払っても任務を遂行するよう指示を受けていた。

BANZAR MALK
ランザー・マルク

犯罪クルーの親玉

DATA FILE

所属：自分のクルー
出身惑星：不明
種族：人間
身長：1.73m
登場作品：M
参考：バーグ、
　　　ミグズ・メイフェルド、
　　　Q9-0、クイン、シアン

マンドーが新共和国に宇宙ステーション、ルースト
の座標を告げているとは知らず、マルクとクイン
はディン・ジャリンをまんまとだましおおせた、と
喜び合う。

革の飛行ジャケット

ジャケットに縫いこまれた
指先なしの断熱手袋

ランザー・マルク──
通称ラン──は、ルースト
と呼ばれる宇宙ステーショ
ンを拠点にして、傭兵のグ
ループを率いている。マル
クはマンドーことディン・
ジャリンとの再会を、一見、
喜んでいるようだが、その
実、任務に関する重要な
情報を隠していた。

前の仕事で怪我をした膝

過去の経緯

マルク、ディン・ジャリン、トワイレックの兄
妹クインとシアンは何度か組んだことがあり、
マルクは"俺のチームにはマンダロリアンが
ひとりいる"とよく自慢したものだった。だが、
ディン・ジャリンはあるとき何も言わずに突
然姿を消し、マルクたちを当惑させる。

仕事を成功させるには、各クルーの
特技を考慮し、バランスの取れたメン
バーを組むことが肝心だ。経験豊富な
マルクはそのコツを心得ている。もは
や先頭に立って任務をこなすことはほ
とんどないが、マルクのいかにもだら
しのない外見の裏には、抜けめなく戦
略を練る鋭い頭脳が隠されているのだ。

飛沫ガード

レンジ・トルーパー

未開地のストームトルーパー

DATA FILE

所属：帝国

出身惑星：不明

種族：人間

身長（平均）：1.83m

標準装備：E-10Rブラスター・
　　　　　ライフル

登場作品：S

参照：ストームトルーパー

急速に拡張していく帝国では、新たな領域に完全な支配体制を敷くのは難しい。新しい惑星に征服の道をつけていく兵士たちのあとに続き、コアから遠く離れたしばしば非友好的な惑星で規律を維持するのが、レンジ・トルーパーの仕事だ。

組み込まれたグリプション・ブーツの制御装置

頑丈なE-10Rブラスター・ライフル

自らを全帝国軍で最もタフな兵士だと自負するレンジ・トルーパーは、どんな過酷な環境にも耐えられる筋金入りの兵士である。極限まで追いこむ訓練とカスタムメイドの装備、加えて必ず任務をやり遂げるという固い決意が、本来の精神的、肉体的強さをさらに強化しているのだ。

人工毛皮の裏地付きカーマ

頑丈な磁気原子グリプション・ブーツにより、レンジ・トルーパーは高速走行中の列車に足を固定できる。

警備任務

帝国軍は惑星ヴァンドアにハイパースペース燃料であるコアクシウムを保管している。これを輸送するコンヴェイエクス列車が確実に予定どおり運行され、積み荷とともに無事目的地に到着するのを見届けるのもレンジ・トルーパーの任務だ。

ラッパーチュニー

マックス・レボ・バンドのメンバー

DATA FILE

所属：ジャバの宮殿
出身惑星：マンファ
種族：シャウダ・ユブ
身長：30cm
登場作品：VI
参照：マックス・レボ

マックス・レボ・バンドのラッパーチュニーは、グロウディ・ハーモニクとも呼ばれるコンビネーション・フルートを演奏する。昔から旅が好きだった彼は、音楽の才能を生かして旅費を稼ぎながら銀河をまわったが、不幸にして湿気が必要な肌にはまことに不快な、暑くて乾燥した砂漠にあるジャバの宮殿で演奏するはめになる。

護身手段

ラッパーチュニーは、ジャバの宮殿で丸一日でもグロウディの基部に座り、身じろぎもせずに過ごすことができる。そうやって自然の状態なら湿っているはずの皮膚を少しでも冷やそうとしているのだ。小柄な彼は見るからに恐ろしそうな悪党たちに囲まれて縮こまることもあるが、実は毒が混じった唾を吐き、自分を脅す相手を麻痺させることができる。

ラッパーチュニーは長い指を持つ小柄な両生類種族のシャウダ・ユブである。彼はアウター・リムにある沼の多い湿った惑星、マンファで生まれた。

出身惑星の両生類種族の
生活に適した３本指の手

本来は
湿っている皮膚

グロウディ

ステージの奥で演奏しながらも、ラッパーチュニーはひそかに逃亡計画を練っている。

ラズー・クイン＝フィー

カンジクラブの一員

DATA FILE

所属：カンジクラブ

出身惑星：ナル・カンジ

種族：人間

身長：1.65m

登場作品：VII

参照：バラ＝ティク、チューバッカ、
　　　ハン・ソロ、
　　　カンジクラブ・ギャング、
　　　タス・リーチ

残虐なギャング集団カンジクラブで副官を務めるラズー・クイン＝フィーは、武器のメンテナンスと改造を専門とする。カンジクラブの無法者たちは、見かけは悪くても恐ろしい威力を持つ武器や爆弾を好んで使う。クイン＝フィーはそれらをアップグレードおよび改造して、より危険な仕様に変えている。

手製の爆弾シリンダー

予備のブラスター用
ガス・カートリッジ

アウター・リムを拠点とするカンジクラブでは、のし上がるのはもちろん、何をするにも腕っぷしの強さがものを言う。ラズー・クイン＝フィーは、現在タス・リーチが就いているリーダーの地位を狙っているが、即座にほかのメンバーに引きずりおろされないように、まずは十分な数の味方を作る必要がある。

死をもたらす副官

ラズー・クイン＝フィーは卑劣きわまりない手を使ってザイゲリアにある暗黒街の格闘サーキットに出入り禁止となり、危険な男だという評判を勝ちとった。クイン＝フィーは素手の戦いでも恐るべき強敵だが、火が大好きで、テクノロジーにめっぽう強い。自ら改造に改造を重ね、"ワスプ（蜂）"と名づけたブラスター・ライフルは、強力な"一刺し"をもたらす。

ラズー・クイン＝フィーは、タス・リーチとともにハン・ソロの貨物船エラヴァナに乗りこむ。しかし、カンジクラブがソロに貸しているクレジットを回収するはずが、とんでもない事態になった。

反乱軍兵士

反乱同盟軍の地上部隊

DATA FILE

所属：反乱同盟
出身惑星：さまざま
種族：さまざま
身長：さまざま
標準装備：ブラスター・ピストル
登場作品：RO、IV、V、VI
参照：メイディン将軍

反乱同盟軍の地上部隊は、共和国再建のための同盟の主力である。これらの献身的な兵士は宙域軍として組織され、それぞれ自分たちの出身惑星がある宙域で強大な帝国の支配を阻む任務に従事している。

A280-CFE
ブラスター・
ライフル

タンティヴIVに搭乗している艦隊兵士の軍服は、水色のシャツに黒い戦闘ベスト、グレーのズボンだ。

カーゴ・パンツ

反乱軍兵士は、乏しい財源が許すかぎり規定の軍服を着る。スペックフォースとも呼ばれる特殊部隊の兵士は厳しい訓練を受け、さまざまな特殊作戦を遂行する。エンドアの戦いでは、密林で戦う訓練を受けた特殊部隊が森林用迷彩服を着用した。

特殊部隊

エンドアの森の月では、密林で戦う訓練を受けた特殊部隊の兵士たちが帝国軍基地に潜入した。ハン・ソロ将軍の指揮のもと、彼らはシールド発生装置施設内で警備にあたる帝国軍部隊を巧みに外へとおびきだし、多数で取り囲んで降伏させる。

頑丈なブーツ

レイ

最後のジェダイ

REY

DATA FILE

所属：レジスタンス／
　　　ジェダイ／フォース・
　　　ダイアド

出身惑星：ジャクー

種族：人間

身長：1.7m

登場作品：VII、VIII、IX

参照：ベン・ソロ、フィン、
　　　カイロ・レン、
　　　ルーク・スカイウォーカー

かつてルークが、
その前はアナキンが
使っていた
ライトセーバー

廃品を回収して生計を立てているレイは、物心ついたときから暮らすジャクーを離れることにためらいを感じていた。だが、彼女の持つ強力なフォースの感応力と勇気、思いやりの心はやがてレジスタンスを導く力となり、周囲の人々の内にある善を引きだしていく。

自分が銀河の命運を左右する決定的な役目を担うことを知ったレイは、驚愕しながらも、周囲で次々に起こる出来事のなかで自分の居場所を見つけようとする。そんなレイの心に、フォースの光と闇の面、ルーク・スカイウォーカーの教えとカイロ・レンの誘いが葛藤をもたらす。

ルーク・スカイウォーカーが辺境の惑星オク＝トーにいることを突きとめたレイは、長いこと誰にも会わず隠遁生活を送っていたこのジェダイを訪ねる。

ファースト・オーダーの誘い

優しさなどとっくに失くしていても当然の、つらい暮らしを送ってきたレイだが、人々の良い面を探そうと努力する性格は変わらない。そして、カイロ・レンのなかにも善があると信じ、彼を説得しようとする。ふたりは力を合わせてスノークと護衛のプレトリアン・ガードを倒すが、レンが自分の願いとは異なる邪悪な道を進むつもりだと知ったレイは、彼の誘いをはねつける。

ジェダイ風チュニックと組み合わせたジャクーの薄織りの巻き布

リオ・デュラント

陽気なパイロット

DATA FILE

所属：トバイアス・ベケットの
　　　クルー／クリムゾン・ドーン
出身惑星：アルデニア
種族：アルデニアン
身長：1.49m
登場作品：S
参照：ハン・ソロ、
　　　トバイアス・
　　　　　　ベケット、
　　　ヴァル

赤みがかった
飛行ゴーグル

リオは4本の腕すべてを使って奇想天外な体験談
を生き生きと語り、焚火を囲む仲間たち
を楽しませる。

アルデニア出身のパイロットであるリオ・デュラントは、クローン大戦でフリーダム・サンズとともに共和国のために戦い、経験を積んだ。いまはトバイアス・ベケットのギャング団に加わり、そのとき身につけたスキルを有効に使っている。

トープレックス社
製LVD-41
パイロット
生命維持キット

張りつめた雰囲気や危険な状況では、温和なリオがそばにいると雰囲気がなごむ。面白いジョークや思い出話で士気を高めてくれるのだ。どんなペテンや企みでも──ギャンブルのテーブルにあるクレジットをせしめるために、ベケットに首を絞められたふりをすることでも──リオは喜んで引き受ける。しかも料理好きとあって、長い一日の終わりにはとくに、チーム仲間にありがたがられている。

リオとハン

リオは初め、ハン・ソロがチームに加わることに関して懐疑的だったが、結局、この若者が気に入った。惑星ヴァンドアのコアクシウムを盗む仕事のさなか、クラウド=ライダーズに撃たれたとき、リオはハンが一緒にいてくれたことを喜ぶ。リオの死にショックを受けたハンは、昔の恋人キーラを見つけようと決意を新たにした。

ツールや制御装置を
つかめる足の指

ライオット・マー

賞金稼ぎのパイロット

DATA FILE

所属：賞金稼ぎギルド

出身惑星：不明

種族：人間

身長：1.93m

登場作品：M

参照：グリーフ・カルガ、
グローグー、
マンダロリアン
（マンドー）

猛獣の歯を模した
ブラスト・シールド

賞金稼ぎギルドに所属するライオット・マーは、追跡を得意としている。自分の獲物を捕らえる助けになると思えば情けを示すこともあるが、信頼できない男で、面倒だと思えばためらわずに賞金首さえ撃ち殺す。

ライオット・マーは操縦の腕も一流なら、改良スターファイターから放つレーザービームを狙った的のど真ん中に当てることもできる。タトゥイーンの近くでマンドーに追いついたマーは、黙って身柄を引き渡せば賞金首の命は奪わない、とマンドーに告げる。

狙った的ははずさない

ライオット・マーは正確な狙いでマンドーの宇宙船、レイザー・クレストのエンジンのひとつに損傷を与えたあと、残ったエンジンだけではマンドーは逃げられないと確信する。

生命維持ユニット

空気供給ホース

ライオットはマンドーの超絶な操縦技術と自分のスターファイターを上回るレイザー・クレストの火器に完敗した。

与圧Gスーツ

ローズ・ティコ

ROSE TICO

レジスタンスの中佐

ローズ・ティコは姉ペイジを失った悲しみを乗り越え、打倒ファースト・オーダーを掲げた戦いに新たな闘志を燃やす。レジスタンスの旗艦ラダスでメカニックとして働いていたローズは、フィンとともにカント・バイトの任務に赴き、エクセゴルではレジスタンスの同志とともに戦う。

DATA FILE

所属：レジスタンス
出身惑星：ヘイズ・マイナー
種族：人間
身長：1.57m
登場作品：VIII、IX
参照：DJ、フィン、ペイジ・ティコ、
　　　プリンセス・レイア

故郷の惑星でファースト・オーダーの残虐さを目の当たりにしたあと、ローズと姉のペイジはレジスタンスに加わった。ローズに善悪の観念を植えつけ、決してあきらめてはいけないと教えたのはペイジだった。テクノロジーにめっぽう強く、論理的な思考を持つローズはレジスタンスにとって貴重な人材となる。

IDプレート

メカニックの作業服

暗号化された
オーバーライド・データ・スパイク

ローズは噂のフィンに出会い目を輝かせるが、ともに任務に赴いた先では彼に劣らぬ有能ぶりを発揮する。

脱走しようとする者を止めるための
エレクトロ＝ショック・ブロッド

問題はお任せ

一介のメカニックからいまやレジスタンスのエンジニア・チームを統率する中佐となったローズは、困っている者を見ると放っておけない。ローズの思いやりと献身は、すべての仲間──とりわけレイア・オーガナ将軍が認めるところだ。

223

RYSTÁLL SANT
リスタール・サント

DATA FILE

所属：ジャバの宮殿

出身惑星：ニュー・
　　　　　ボーナレックス

種族：シーリンと人間の混血

身長：1.7m

登場作品：III、VI

参照：ウーラ

リスタール・サントはコルサントに住むオートランの音楽家の両親に育てられた。ふたりはまばゆいほど美しい養女が、マックス・レボ・バンドの歌手兼ダンサーとなるよう手配した。魅力的なリスタールは、素晴らしいパフォーマンスで客の目を惹きつける。

舞台用メイクで強調された
皮膚の斑点

リスタール・サントは人間とシーリンの混血である。シーリンは側頭部にある複数の角と鮮やかな色の髪、斑点のある皮膚を持つ珍しい種族で、多くが芸術的才能に恵まれ、アーティストやパフォーマーになる。リスタールの足には蹄が付いている。

リスタールと仲間の歌手グリアータは、ジャバの宮殿で目にした悪行に愕然とする。

かつてのファン、
シル・ロームズから
贈られたケープ

ダンサーの
しなやかな体

バンドの人気者

社交的で華やかなリスタール・サントは、昔から多種多様な人々を惹きつけてきた。犯罪組織ブラック・サンのトップクラスの幹部もそのひとりだ。彼女はその幹部にだまされ、奴隷として売られるが、のちにランド・カルリジアンに助けられ自由を取り戻す。ジャバの宮殿では、賞金稼ぎボバ・フェットの注意をひきつけた。

蹄

SABÉ
サーベ

DATA FILE

所属：ナブー王室
出身惑星：ナブー
種族：人間
身長：1.65m
登場作品：I
参照：パドメ・アミダラ

女王の頭飾り

"追悼の傷"

サーベはアミダラ女王に仕える
なかでも、とくに重要な侍女である。
ひとたびアミダラに危険が迫れば、
誰よりも先に豪華な衣装を着て、特
徴のある白い化粧で女王になりすま
し、敵を引きつける。それがサーベ
の役目なのだ。

陣羽織

幅広の帯

女王の侍女は、アミダラが君主とし
ての威厳を保つために必要な多く
の仕事を補佐する。これら有能な
侍女たちは、不穏な出来事や緊
急事態が発生したときに女王
を守れるよう、ボディガードと
しても訓練を受け、小型ブラス
ター・ピストルを常時携帯している。

衝撃を吸収する素材で
作られた長い戦闘用ドレス

王室の任務

サーベが女王に扮すると、パドメ・アミ
ダラはシンプルなローブを着て侍女になり、
身振りや表情でひそかに互いの意思を伝えあう。
サーベは女王のあらゆる所作を真似るよう日頃
から訓練されているが、替え玉の任務には危
険がともなう。

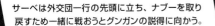

サーベは外交団一行の先頭に立ち、ナブーを取り
戻すため一緒に戦おうとグンガンの説得に向かう。

225

サシー・ティン

イクトッチイのジェダイ・マスター

DATA FILE

所属：ジェダイ
出身惑星：イクトッチ
種族：イクトッチイ
身長：1.88m
登場作品：I、II、III
参照：メイス・ウィンドゥ

ジェダイ・マスターのサシー・ティンは、コルサントにあるジェダイ・テンプルで評議会のメンバーを務める。強いテレパシー能力を持つサシー・ティンの頭がもっとも冴えわたるのは、得意の操縦技術を駆使して最新鋭の宇宙船やスターファイターを猛スピードで飛ばしているときだ。

立派な角

ライトセーバー

ジェダイのヒューマノイド用標準ローブ

イクトッチョンの強風に適した固い肌

イクトッチョンの月、イクトッチで生まれたサシー・ティンは、生まれつき素晴らしい方向感覚に恵まれ、形も大きさも異なる多くの宇宙船を巧みに乗りこなす。クローン大戦中、重要な任務により分離主義勢力のシタデル刑務所があるローラ・サユーに赴いたティンは、整備の行き届いた愛機を操縦して戦いに飛び込んだ。

ジェダイの戦士

サシー・ティンはジオノーシスの戦いに参加し、共和国のガンシップに乗って荒れ地に展開するドロイド軍に攻撃を加えた。この戦いの後半では、惑星の上空で戦うジェダイ・マスターのアディ・ガリアを補佐した。クローン大戦では将軍となり、スターファイター中隊を率いる。

ティンは、ついに正体を現したパルパティーン、すなわちシス卿シディアスと戦ったジェダイのひとりだ。

サレシャス・B・クラム

コワキアン・モンキー＝リザード

DATA FILE

所属：ジャバの宮殿

原生惑星：コワック

種族：コワキアン・モンキー＝
　　　リザード

体高：70cm

登場作品：VI

参照：ジャバ・ザ・ハット

サレシャス・B・クラムはジャバ・ザ・ハットの宮殿の道化師である。宇宙船に忍び込み、自分の餌を食べているコワキアン・モンキー＝リザードを見つけたジャバは、この小さな害獣を呑みこもうとする。クラムはなんとか逃げだしたものの、ビブ・フォーチュナに捕まってしまった。

非常に敏感な耳

鉤のように曲がった爬虫類のくちばし

みすぼらしい襟毛

細い腕

クラムはジャバの言ったことをそのまま繰り返し、宮殿を訪れた者たちをいらだたせる。

道化

サレシャス・B・クラムは少なくとも1日一度はジャバを笑わせないと、殺されてしまう。ボスを笑わせるためにまわりの者を冗談の種にするクラムは、新しい通訳ドロイド、C-3POのことも槍玉にあげる。C-3POはこの憎たらしいチビ・モンキーに片目をえぐり取られた。

コワキアン・モンキー＝リザードは、宇宙ステーションに数多く見られる害獣の一種だ。あるとき、ジャバが所有する宇宙船にこっそり乗りこんだのが運の尽きで、サレシャス・B・クラムはタトゥイーンに足止めを食う。クラムは常にジャバ・ザ・ハットのかたわらに座り、宮殿に住むすべての者をからかいの種にしている。

鋭い鉤爪

サンドトルーパー

砂漠の任務に特化したストームトルーパー

DATA FILE

所属：帝国

出身惑星：さまざま

種族：人間

身長（平均）：1.83m

標準装備：ブラスター・ピストル、
　　　　　ブラスター・ライフル、
　　　　　連射式ブラスター

登場作品：RO、IV

参照：ストームトルーパー

サンドトルーパーは砂漠の環境に適応するよう訓練された、特殊な帝国軍ストームトルーパーだ。彼らは暑く、乾燥した気候に適したアーマーと装備を身に着けている。アーマーには高性能の冷却システムが、ヘルメットには太陽のぎらつきを緩和する偏光レンズが組み込まれている。

肩甲の色は階級を示す

SD-48
サバイバル・
バックパック

ユーティリティ・
ベルト

階級

サンドトルーパーが着けている肩甲の色は、階級を表している。ふつうのサンドトルーパーの肩甲は黒だが、軍曹の肩甲は白。7人からなる分隊を率いる隊長はオレンジ色の肩甲を着ける。

白いアーマーと頭部をすっぽり覆うヘルメットで顔はまったく見えないが、サンドトルーパーは人間の兵士で、食糧と水、ブラスター・ライフル、長距離用コムリンクを携帯している。配属された土地の習慣に適応するよう訓練されているため、タトゥイーンの砂漠ではスピーダーではなくデューバックと呼ばれるトカゲのような爬虫類クリーチャーに乗って移動する。

サルコ・プランク

銀河の無法者

DATA FILE

所属：なし
出身惑星：リ＝トラン
種族：メリット
身長：1.82m
登場作品：VII
参照：C-3PO、
　　　ルーク・スカイウォーカー、
　　　レイ、アンカー・プラット

廃品回収と賞金稼ぎを生業にするサルコ・プランクは、腹黒い男だ。彼はジャクーのニーマ・アウトポストで武器の売買を行い、危険な砂漠に貴重な部品を回収しに行く勇気のある連中に武器を売りつけている。

ボコーダー・ヘルメット

栄養および
液体ディスペンサー

銀河内戦中、サルコ・プランクはかつてジェダイの学びの地だったデヴァロンのイーディット寺院をはじめとする多くの遺跡で墓荒らしをしていた。イーディット寺院では、遺跡の秘密を解明しようと、若きルーク・スカイウォーカーをおびきよせ、エレクトロスタッフを手に戦うが、ライトセーバーを持つこの反乱軍パイロットを倒すことはできなかった。

目のないエイリアン

サルコ・プランクには目がない。昆虫の甲殻のようなのっぺりした顔のプランクは、繊毛と呼ばれる超繊細な体毛の振動を通じて周囲を探知する。食べ物を取り込むマスクに内蔵されたボコーダー（音声装置）が、顔の甲殻から発せられる、うなるような音を理解できる声へと変換する。

ソウ・ゲレラ

満身創痍の戦士

DATA FILE

所属：ゲレラのパルチザン
出身惑星：オンダロン
種族：人間
身長：1.8m
登場作品：RO
参照：ボーディー・ルック、
　　　ジン・アーソ

反乱同盟にすら過激すぎるとみなされているソウ・ゲレラは、自分に従う種々雑多な反乱分子をまとめ、帝国と戦っている。どんな犠牲を払っても帝国を止めたいという願いに取りつかれたゲレラは、しばしば罪もない市民を危険にさらすこともある。

長年の戦いによって、ゲレラの体はダメージを負い、各器官の機能も衰えている。呼吸チューブ付きの与圧スーツを着たゲレラは、安全なレベルを無視するよう自身で再プログラムした医療ドロイドのG2-1B7が投与する危険なほど大量の薬により、どうにか生きながらえている。

酸素を
送る管

ディクサンの
木でできた杖

ケープ代わりの古い
オンデロニアン旗

ゲレラはジンが8歳のころから、パルチザンの一員として彼女を育ててきた。

猜疑心のかたまり

老いとともに被害妄想にさいなまれるようになったゲレラは、重要な情報を携えて自分の懐に飛びこんできた帝国軍パイロットの訴えを信じることができなかった。パイロットが正気を失う危険をおかし、太い触手を持つボー・ガレットで彼の心を読みとったあとでさえ、まだ罠だと確信していた。

サイバネティクスの足プレート

スカウト・トルーパー

特殊訓練を受けたストームトルーパー

DATA FILE

所属：帝国

出身惑星：さまざま

種族：人間

身長：さまざま

標準装備：ブラスター・ピストル、
グレネード、
サバイバル・ギア

登場作品：VI、M

参照：パトロール・トルーパー、
サンドトルーパー、
ストームトルーパー

視力を
強化する
バイザー

帝国軍スカウト・トルーパーは長期任務を遂行するよう訓練されている。機動力を最優先にしている彼らは、頭と上半身だけにアーマーを着ける。正確に標的を識別するため、ヘルメットには強化されたマクロバイノキュラー・ビュープレートが内蔵されている。

ボディスーツ

帝国軍スカウト・トルーパーは、地域を調査して敵の位置を突きとめる偵察任務および敵地への潜入任務、破壊工作任務を行う。戦闘に加わることはめったになく、不穏な動きや不審なものを見つけしだい、ストームトルーパーを呼ぶように命じられている。

共和国軍はクローン大戦中、キャッシークのカチーホの戦いなどで初めてクローン・スカウト・トルーパー部隊を使った。

頑丈な
ブーツ

パトロール中

スカウト・トルーパーはスピーダー・バイクに乗り、惑星シールド発生装置が設置されているエンドアの深い森のなかをパトロールする。彼らは森に生息する厄介な生き物や敵の潜入部隊を警戒し、2人から4人のチームで森のなかを巡回している。

セブルバ

ポッドレースの花形

DATA FILE

所属：なし

出身惑星：マラステア

種族：ダグ

身長：1.12m

登場作品：Ⅰ

参照：アナキン・
　　　スカイウォーカー

セブルバは、アウター・リムのレーシングサーキットにおける花形ポッドレーサーのひとりだ。ビークルの操縦技術に長けているのはもちろんだが、華々しい戦績の秘密は、勝つためならどんな汚い手でも使うことにある。アナキン・スカイウォーカーがレースに加わると、彼はこの人間の少年を勝たせてなるものか、と決意した。

しっかり
つかめる手

レース・ゴーグル

セブルバが操縦するオレンジ色の巨大なポッドレーサーには、ライバルを蹴落とす秘密の武器がいくつも隠されている。

ビーズで
飾った
おさげ

マラステア出身のセブルバは、弱い者いじめで悪名高い種族ダグである。ポッドレースでは、タフで荒っぽいダグのイメージにぴったりな特注の洒落た革製レーシング・スーツを着用し、観衆の期待に応える。

革のリスト・ガード

優勝記念の
コイン

危険なドライバー

卑劣なセブルバは、勝ち星を挙げるためなら、平気でほかの出場者のビークルに破壊工作を行う。ライバルと並走しながら隠した火炎放射器で相手を爆発炎上させることもあれば、震盪手榴弾を相手のコクピットへ放りこむこともある。

セブルバはブーンタ・イヴ・クラシックの最終ラップでクラッシュするものの、生き延びて、その後も多くのレースに参加する。

きつく巻いた
革のレッグ・ストラップ

シャアク・ティ

トグルータのジェダイ・マスター

DATA FILE

所属：ジェダイ
出身惑星：シリ
種族：トグルータ
身長：1.78m
登場作品：II、III
参照：ルミナーラ・アンドゥリ

トグルータ種族
特有の
皮膚の色

制御しやすいように
両手で握る構え

ジェダイの
ローブ

ジェダイ・マスターのシャアク・ティは、ジオノーシスのアリーナで行われた戦いの前にジェダイ評議会のメンバーとなった。クローン大戦では、ジェダイ・オーダーを代表してカミーノに赴くことが多いが、個々のクローン・トルーパーに対する彼女の思いやりは、クローンを製品とみなすカミーノの科学者の冷淡な見解としばしば衝突する。

空洞のモントラルが
空間を感知する

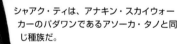

シャアク・ティは、アナキン・スカイウォーカーのパダワンであるアソーカ・タノと同じ種族だ。

マスター・ジェダイ

シャアク・ティはアナキン・スカイウォーカーとオビ＝ワン・ケノービ、パドメ・アミダラを助けるため、200名あまりのジェダイとともにジオノーシスに駆けつけた。処刑アリーナの戦いのあと、彼女は共和国軍のガンシップに乗りこみ、大規模なドロイド軍を相手に最前線で戦う。

トグルータのシャアク・ティは、集団戦でもっとも優れた力を発揮するジェダイ戦士のひとりだ。中身が空洞の頭部モントラルが空間を超音波で感知するため、空間認識能力が向上し、敵と自分の距離をすばやくつかむことができるのだ。通常であれば、めまぐるしく変わる敵や味方の位置を把握するのに苦労する戦いでも、シャアク・ティはやすやすと動くことができる。

シミ・スカイウォーカー

アナキン・スカイウォーカーの母親

DATA FILE

所属：なし

出身惑星：タトゥイーン

種族：人間

身長：1.73m

登場作品：I、II

参照：アナキン・スカイウォーカー、
　　　クリーグ・ラーズ、
　　　タスケン・レイダー、ワトー

シミ・スカイウォーカーはまだ少女のころに両親が海賊に捕らえられて以来、奴隷として苦難の人生を強いられてきたが、勇気を失わず、機転を利かせて生きてきた。タトゥイーンでジャンク・ディーラーを営むワトーの奴隷となったシミは、男の子を産み、アナキンと名づける。

装飾的なベルト

モス・エスパで暮らすシミは、息子のアナキンを貧しくとも温かい家庭で育てたいと心を配った。アナキンを手放すのはつらかったが、宇宙港で出会った農場主のクリーグ・ラーズのおかげで晴れて自由の身となったシミは彼と結婚し、幸せな家庭を築く。

タトゥイーンの過酷な気候に
適した粗織りのチュニック

シミはジェダイになることがアナキンの運命だと
信じ、自分の寂しさより息子の将来を優先する。

悲劇的な喪失

アナキン・スカイウォーカーは、母がひどい苦痛を感じているという悪夢に何度もうなされ、ついに母を助けるためにタトゥイーンへ向かう。だが、サンド・ピープルに拷問され、瀕死の重傷を負った母の死を防ぐことができなかった。激しい怒りと苦痛に駆られたアナキンは二度と大切な人間を失わぬように、強くなることを誓う。

シンプルなスカート

SHOCK TROOPER
ショック・トルーパー

コルサントを警備する兵士

DATA FILE

所属：共和国／帝国
出身惑星：カミーノ
種族：人間のクローン
身長：1.83m
標準装備：DC-15 ブラスター・
　　　　　ライフル
登場作品：II、III
参照：ストームトルーパー

戦いに備える共和国では、ヘルメットや肩などが赤いアーマーを着けたショック・トルーパーが、公共の秩序と安全を保つためにコルサントの通りをパトロールしはじめた。彼らはまた、パルパティーン最高議長を含む政府高官や政治家たちのボディガードの役目を果たす。

改良呼吸フィルターと
表示器

任地がコルサント
であることを
示すライン

DC-15 ブラスター・
ライフル

ショックを吸収する
ブラストイド製アーマー

共和国の最後の日々、人々はショック・トルーパーをストームトルーパーと呼びはじめる。

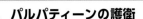

ショック・トルーパーはコルサント警備隊のユニットのひとつである。パルパティーンがこのユニットを作ったのは、コルサントの保安部隊とセネト・ガードを補強するためだった。ショック・トルーパーは官公庁の建物と着陸プラットフォームを警備する。

パルパティーンの護衛

ジェダイがパルパティーンの逮捕に失敗したあと、ショック・トルーパーはパルパティーンとともに元老院ロタンダへ向かう。その後、パルパティーンと戦ったヨーダの死体を捜すが、発見できなかった。ムスタファーに向かうパルパティーンに同行し、全身に火傷を負ったダース・ベイダーを見つけたのもショック・トルーパーである。

ショアトルーパー

沿岸防衛ストームトルーパー

DATA FILE

所属：帝国

出身惑星：さまざま

種族：人間

身長（平均）：1.83m

標準装備：E-22ブラスター・
　　　　　ライフル

登場作品：RO、M

参照：ストームトルーパー

空気
フィルター

砂色のアーマーを着たショアトルーパー
は、白いアーマー姿のストームトルーパー
のなかでは目立つが、ヤシの幹や砂浜に
は難なく溶けこむ。沿岸部での任務に特化
した訓練を受け、専用の装備を身に着け
たショアトルーパーは、警備の厳重な帝国
軍安全管理施設が置かれた惑星スカリ
フの沿岸部や、帝国残存勢力が運営す
る惑星モラックのライドニウム精製所
に配属されている。

ベルトにはブラスター用の
カートリッジ・マガジンが
入っている

ほとんどのショアトルーパーは
軍曹であるため、通常のストー
ムトルーパーがともに任務に
あたる場合は、指揮を執るこ
とになる。しかし警備の厳しい
スカリフで、奇襲を仕掛けてき
た敵が安全管理施設内のシタデ
ル・タワーに達するとは、ほぼ
誰も予期していなかった。

沿岸部の戦い

ショアトルーパーは、環境に則した装備を着け
ている。内蔵された冷却ファンのおかげでヘル
メットのなかは暑くなりすぎず、空気フィルターに
よって砂を吸いこむこともほとんどない。体温調
節機能のあるボディスーツは密封され、その上に
装着した軽量のアーマーには、潮風や塩による
ダメージを防ぐ特別なコーティングが施されている。

境界線内に反乱分子が侵入するといった、予
期せぬ事態への準備は万全だ。

柔軟性の
あるレッグ
アーマー

SHU MAI
シュ・マーイ

コマース・ギルドの会頭

DATA FILE

所属：コマース・ギルド／
　　　分離主義勢力
出身惑星：カステル
種族：ゴッサム
身長：1.65m
登場作品：II、III
参照：ドゥークー伯爵、
　　　ヌート・ガンレイ、
　　　ワット・タンバー

シュ・マーイは、分離主義勢力の主だったメンバーとともに火山惑星ムスタファーでシディアスが約束した弟子の訪れを待っていたが、やがて現れたシス卿は彼らに死をもたらした。

首輪

宝石で飾った
前立て

地位と権力の亡者シュ・マーイは、銀河有数の複合企業体コマース・ギルドの会頭として、ヌート・ガンレイ、ワット・タンバー、サン・ヒルらと分離主義評議会に加わった。コマース・ギルドの防衛部隊は、クローン大戦で共和国と戦った。

珍しい
ウリス・シルク製の
豪華なスカート

惑星カステル出身のゴッサム、シュ・マーイにとって、重要なのは地位と権力と富だけだ。シュ・マーイは強硬かつあこぎな戦術を駆使してコマース・ギルドで昇進を重ね、数多くのライバルを蹴落として、ついに会頭の座に昇りつめた。

ひそかな実践

分離主義勢力の重鎮のなかで、共和国に対する反逆行為であることを知りながら、ひそかにドゥークー伯爵に支持を誓約しているのはシュ・マーイひとりではない。コマース・ギルドがまだ公に分離主義勢力を後押ししないうちから、シュ・マーイのホーミング・スパイダー・ドロイドは戦場に配備されはじめた。

ゴッサムの足の
指は3本だ

シオ・ビブル

ナブーの総督

DATA FILE

所属：ナブー王室
出身惑星：ナブー
種族：人間
身長：1.7m
登場作品：I、II、III
参照：キャプテン・パナカ、
　　　ヌート・ガンレイ、
　　　パドメ・アミダラ

公務用の襟

トレード・フェデレーションに侵略された当時ナブーの総督を務めていたシオ・ビブルは、アミダラ女王のもとに持ちこまれる事案に目を通し、その処理を監督していた。ナブー王室諮問評議会の議長でもあるビブルは、暴力には絶対反対の立場を取っている。

ナブー独特の
お洒落な袖とカフ

哲学者のチュニック

哲学者であるビブルは、アミダラの前任者であるヴェルナ王の在位中に総督に選ばれた。ビブルは初めのうちはアミダラに批判的だったが、やがてこの若い女王を尊敬するようになる。アミダラの退位後も、彼はジャミーラ女王、ニーユートニー女王、アパイラナ女王などに仕えた。

ビブルは、もっと武器が必要だというキャプテン・パナカの警告を受け入れようとしなかった。

逮捕

シオ・ビブルとアミダラ女王は、ナブーを侵略したドロイド軍のバトル・ドロイドに逮捕される。連行される途中でふたりのジェダイに救出されたものの、ビブルは自らの意思でナブーに残ることを決めた。彼は占領下のナブーで市民に呼びかけてハンガー・ストライキを行い、トレード・フェデレーションのヴァイスロイ、ヌート・ガンレイを激怒させる。

総督のブーツ

シスのカルト信者

ダークサイドの狂信者

DATA FILE

所属：アコライツ・オブ・ザ・
　　　ビヨンド／アラズメク・
　　　オブ・ウィンジット／
　　　シス・エターナル

出身惑星：エクセゴル

種族：不明

身長：さまざま

登場作品：IX

参照：アラズメクの入植者、
　　　ベストゥーンのオーチ、
　　　パルパティーン

顔の覆い

研究施設用の手袋

フードの長さは、何年シスに
仕えているかを示す

シス・エターナルは、数多
く存在するシス・カルト集
団のひとつにすぎない。ア
コライツ・オブ・ザ・ビヨ
ンドは新共和国を攻撃する
ことに注力し、アラズメク・オ
ブ・ウィンジットの信者たちは惑
星ムスタファーにあるベイダー
の城跡を保護している。

カルト信者の正体を隠す
ゆるいローブ

パルパティーンの死によりほとばしったダークサイド
のエネルギーで、シスの要塞（ようさい）はカルト信者もろとも
粉々に破壊された。

シスのレガシーを守り、シスを崇拝す
るために生涯を捧げるシスの信奉者た
ちは、クローン技術を使って死を逃れる
パルパティーンの手助けをし、新世代
のスター・デストロイヤーからなる巨
大艦隊を建造している。

シスの要塞

エクセゴルにあるシスの要塞では、シス・
エターナルのカルト信者たちが、マス
ターと崇めるパルパティーンの不安定な
クローンを守っている。パルパティーン
は、この要塞にあるダークサイエンス研
究施設でスノークを作りだした。

シス・ジェット・トルーパー

空中攻撃に特化したシス・トルーパー

DATA FILE

所属：シス・エターナル／
　　　ファイナル・オーダー

出身惑星：エクセゴル

種族：人間

身長：さまざま

標準装備：重キャノン、
　　　　　ジェットパック

登場作品：IX

参照：シス・トルーパー、
　　　皇帝の守護者

密封性ヘルメット

レジスタンスに加わったジャナの放った矢が命中し──ジェット・トルーパーはスピンしてコントロール不能に陥った。

NJP-900ジェットパック

幾層にもなったアーマー

F-11ABA重キャノン

シス・ジェット・トルーパーは、空中で戦えるよう訓練を受けたエリート兵士である。彼らは地上で敵を攻撃するシス・トルーパーの部隊が、空中からの援護射撃を必要とするときに展開される。

密封性ボディスーツ

ランヴォラク分隊やパランガ分隊、ウォーブレイド分隊といったシス・ジェット・トルーパーの分隊名は、古代の破壊的なダークサイド兵器にちなんで各付けられている。

飛行

ジェット・トルーパーのジェットパックには、ジェットとロケットの2種類の起動モードがある。ロケット・モードでは燃料消費が激しいものの、空気が薄い、あるいはまったくない環境でも安定性が望めるという利点がある。

シス・トルーパー

ファイナル・オーダーを遂行するストームトルーパー

DATA FILE

所属：シス・エターナル／
ファイナル・オーダー

出身惑星：エクセゴル

種族：人間

身長：さまざま

標準装備：ST-W48 ブラスター・
ライフル、
ソン＝プラス社製
FWMB-10B 連射式
ブラスター

登場作品：IX

参照：シス・ジェット・トルーパー、
皇帝の守護者

視覚強化
された
バイザー

シス・トルーパーの１分隊は、トライアド
と呼ばれる３人１組の射撃チーム３組
と、指揮官となる軍曹ひとりの10人で
構成されている。

衝撃に強いアーマー

ST-W48 ブラスター

エリート・ストームトルーパーで
あるシス・トルーパーは、エクセゴ
ルで待機するパルパティーンのシ
ス・エターナル軍のために秘密裏
に育成された。シス・トルーパーは、
ダークサイドへの忠誠を表す赤の
アーマーに身を包んでいる。

赤いアーマーは
見る者を戦慄させる

シス・トルーパーはフォース感応力
を持たず、ファースト・オーダー・ト
ルーパー同様、クローンでもない。
しかし、彼らはあらゆる個性を抑制
し、どこまでもパルパティーン皇帝
に忠誠を尽くすよう特別な訓練を
受けている。

いざ戦いへ

シス・トルーパーは、エクセゴルの戦いに
配属された。しかし、このエリート部隊でさ
え、ファースト・オーダーのスター・デスト
ロイヤー、ステッドファストの艦上で馬のよ
うなオーバクを乗りこなすレジスタンスの
戦士たちには太刀打ちできなかった。

スライ・ムーア

パルパティーンの補佐官

DATA FILE

所属：共和国
出身惑星：アンバラ
種族：アンバラン
身長：1.78m
登場作品：II、III
参照：ヴァローラム議長、
　　　パルパティーン

紫外線の光でしか
見えない目

最高議長パルパティーンとの面会を許可する補佐官のスライ・ムーアは、きわめて大きな権力を握っている。ムーアはパルパティーンが実際にはダース・シディアスであることを知る、ごく少数のうちのひとりで、パルパティーンが皇帝になったあとも彼に仕え続ける。

スライ・ムーアはしばしばパルパティーンの出席する会議に同席し、ひと言もしゃべらず、最高議長に影のように付き添う。

パワープレー

パルパティーンが統治する政府で、スライ・ムーアはヴァローラム議長時代のセイ・タリアと同じ地位に就いている。仕事熱心なセイ・タリアが新議長のもとで辞任したのは、ムーアに脅迫され、辞任しろと"説得"されたからにちがいない、と噂する者もいる。

スライ・ムーアは、ごくわずかな自然光しか地表に届かない、"影の惑星（シャドウ・ワールド）"と呼ばれるアンバラ出身のアンバランだ。高度なテクノロジーを使いこなすアンバランは、思考に微妙な影響を与え、相手を操る特殊な能力を持つことで知られている。

紫外線色の素材で作られた
アンバランのシャドウ・クローク

スナップ・ウェクスリー

レジスタンスの偵察パイロット

DATA FILE

所属：レジスタンス

出身惑星：アキヴァ

種族：人間

身長：1.88m

登場作品：VII、IX

参照：ジェス・パバ、
　　　ポー・ダメロン、
　　　プリンセス・レイア

X ウイングのブルー中隊に所属する、テミン・"スナップ"・ウェクスリーは、レジスタンスの大尉だ。彼は偵察を任せたらレジスタンス随一だとポー・ダメロンが太鼓判を押す優秀なパイロットでもある。

フレイテック社製の
生命維持ユニット

インフレータブル・
ライフ・ベスト

飛行
ヘルメット

スナップはエクセゴルにおけるファースト・オーダー艦隊との戦いで、命を散らした。

スターキラー兵器が新共和国の首都である惑星を一瞬にして破壊したあと、レジスタンスの管制官たちは、恐るべき兵器の位置を三角測量で特定することができた。スナップ・ウェクスリーは、すぐさま未知領域に潜入する危険な偵察飛行を行い、レジスタンスの攻撃戦略に役立つ秘密基地の情報を持ち帰った。

反乱軍のルーツ

エンドアの戦いで活躍したベテランのY ウイング・パイロット、ノラ・ウェクスリーを母に持つスナップは、新共和国に解放されるまで帝国軍基地だったアウター・リムの惑星アキヴァの出身だ。当時まだ子どもだったスナップは、どんな状況にも臨機応変に対処する術を身につけ、ミスター・ボーンズという名の改造バトル・ドロイドに守られて生き延びた。

スノートルーパー

寒冷地で戦うストームトルーパー

DATA FILE

所属：帝国
出身惑星：さまざま
種族：人間
身長（平均）：1.83m
標準装備：E-11 ブラスター・
　　　　　ライフル、
　　　　　軽連射式ブラスター、
　　　　　グレネード
登場作品：V
参照：ショック・トルーパー

偏光スノーゴーグル

帝国軍スノートルーパーは、雪と氷に閉ざされた惑星でも自力で移動できる戦闘ユニットとして、特別な訓練を受けたストームトルーパーである。バックパックとスーツ・システムが体温を保ち、フェイスマスクにも吸気を温めるヒーターが装備されている。

E-11 ブラスター・
ライフル

クローン大戦中、銀河共和国は寒冷地戦に特化したクローン・アサルト・トルーパー部隊を作り、オルトー・プルトニアなどの氷の惑星に配備した。帝国軍のスノートルーパー部隊はこの部隊を基にして作られている。

ストレージ・ポーチ
ベルトから垂れた
防寒ケープ

スノートルーパーは、雪原でも威力を発揮するEウェブ重連射式ブラスター砲を運び、すばやく組み立てる。

頑丈なアイス・ブーツ

ホスの攻撃

ホスの戦いで、スノートルーパーはヴィアーズ将軍のブリザード・フォースの一翼を担った。敵に最大の損害を与えるため、彼らはAT-ATウォーカーを先頭に攻撃態勢を組み、反乱軍の防衛網を破ってエコー基地になだれこんだ。スノートルーパーは、極寒の地でもスーツのバッテリーだけで2週間生き延びることができる。

皇帝の守護者

パルパティーン専属のボディガード

DATA FILE

所属：シス・エターナル

出身惑星：エクセゴル

種族：不明

身長：さまざま

標準装備：バイブロ＝アクティブ・
フォース・ブレイド付き
SP-B50ブラスター・
ライフル

登場作品：IX

参照：シス・トルーパー

改造したシスのヘルメット

皇帝の守護者たちは、常に円を描くように敵を取り囲み、逃げ道をふさぐ。

SP-B50ブラスター・
ライフル

皇帝の守護者は、シス・エターナルがこれまでに訓練した誰よりも、無慈悲かつ狂信的で忠誠心の篤い兵士たちだ。彼らはエクセゴルにあるシスの要塞（ようさい）に配備され、体の衰えたパルパティーンを外部の脅威から守っている。

最後の防衛

エクセゴルでレイは、パルパティーンの前に立ちはだかった皇帝の守護者たちと対決する。彼女は強力なフォースの力を使い、ボディガードが放ったブラスターのビームを彼らに向けて押し返した。

シス・エターナルの高官同様、皇帝の守護者の大半はエクセゴルで生まれ育ったシス信奉者の子どもたちだ。高度な技術を駆使した戦い方が外部に漏れないよう、皇帝のボディガードの訓練はすべて秘密裏に行われている。

滑りにくいブーツ

スタス・アリー

ソロシアンのジェダイ・マスター

DATA FILE

所属：ジェダイ
出身惑星：ソロス
種族：ソロシアン
身長：1.8m
登場作品：II、III
参照：アディ・ガリア

ソロシアンの触手

一般的な
デザインの
ライトセーバー

ソロシアンのジェダイ・マスター、スタス・アリーは、クローン大戦中、共和国に仕えた。有名なジェダイ、アディ・ガリアのいことして、自身の能力を証明するチャンスを常に求めていたアリーは、クローン大戦でガリアが命を落としたあと、ジェダイ評議会で、いことの後任を務めた。

ユーティリティ・
ベルト

スピーダー・バイクでサルーカマイをパトロール中にオーダー66が発令され、スタス・アリーはクローン兵士に殺害された。

スタス・アリーは手強い戦士ではあるが、きわめて優れた癒しの技も持っている。クローン大戦中は指揮下にある負傷兵の応急手当てにあたり、多くの兵士の命を救ったのだ。

勇敢な戦士

スタス・アリーは、メイス・ウィンドゥが率いるジェダイ機動部隊のひとりとしてジオノーシスの処刑アリーナに降りたった。戦いが激しさを増し、アリーナの外に広がっても、彼女は生き残った少数のジェダイとともに戦い続けた。

旅行用ロングブーツ

ストームトルーパー

帝国のエリート兵士

DATA FILE

所属：帝国

出身惑星：さまざま

種族：人間

身長（平均）：1.83m

標準装備：E-11 ブラスター・
　　　　　　ライフル、
　　　　　　サーマル・デトネーター

登場作品：S、RO、IV、V、VI、M

参照：スノートルーパー

帝国軍兵士の大半を占めるストームトルーパーは、銀河の何千という惑星の住民たちに恐れられている。彼らは強い自制心を持つエリート兵士であり、パルパティーン皇帝に忠誠を誓い、どんな命令でも躊躇せずに遂行する。

ストームトルーパーは人間の兵士だが、白いアーマーとヘルメットで全身を覆っているため、個々の区別はつかない。このアーマーは過酷な環境からも、かすめ飛ぶブラスター・ビームからもストームトルーパーを守っている。

ブラスター・
パワー・セル容器

強化合金プレートの
リッジ

片膝をつく
狙撃姿勢のための
保護プレート

勝つために戦う

ストームトルーパーは、戦闘中に仲間が倒れても無視するよう訓練される。彼らの死や怪我は戦術的な観点からしか考慮されない。ストームトルーパーが任務の妨げとなるような感情的反応を示すことは決してない。

アーマーに身を包んだ大勢のストームトルーパーたちは、与えられた命令に無条件に従う。

滑らないブーツ

スーパー・バトル・ドロイド

改良型バトル・ドロイド

DATA FILE

所属：分離主義勢力
型：B2 スーパー・バトル・ドロイド
製造企業：バクトイド・コンバット・
　　　　　オートマタ
体高：1.93m
登場作品：II、III、M
参照：バトル・ドロイド

バトル・ドロイドの
四肢よりも
強力な腕

壊れにくい
モノグリップ
型の手

トレード・フェデレーションがナブーの戦いで
敗北を喫したあと、ニモーディアンのリーダーたち
は、高性能バトル・ドロイドの製造を依頼した。頑
強で重装備のスーパー・バトル・ドロイドは、共
和国が民間の保安部隊に課した規制に違反
しているが、大きな影響力を持つニモーディ
アンたちは平然としている。

ジオノーシスのドロイド
製造工場では、ひそかに
スーパー・バトル・ドロイ
ドが造られていた。安価
に製造するためバトル・ド
ロイドの内部部品を活用し
ているものの、スーパー・
バトル・ドロイドの外側
の装甲部分ははるかに頑
丈だ。

柔軟性のある
装甲腹部

余分な熱を放射する
ふくらはぎのベーン

恐れを知らぬドロイド

スーパー・バトル・ドロイドは、攻撃作戦
を立てるのは不得意だが、恐れずに突き
進み標的を破壊する強さがこの欠点を
補っている。

鉤爪かパッドに
交換できる
ストラップ・オンの
足先

R2-D2 は独創的な戦法でスーパー・バトル・ドロイ
ドと戦う。敵に向かってオイルを放ち、火を点けるの
だ！

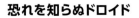

最高指導者スノーク

ファースト・オーダーの創設者

DATA FILE

所属：ファースト・オーダー

出身惑星：エクセゴル

種族：ストランドキャスト
　　　（人工的な遺伝子構築による産物）

身長：2.1m以上

登場作品：VII、VIII

参照：ハックス将軍、カイロ・レン、
　　　パルパティーン、
　　　プレトリアン・ガード

深く刻まれた
傷

骨の変形により
落ちくぼんだ顔

最高指導者スノークが率いるファースト・オーダーの兵士たちは恐ろしくも非情な人生を送ることになる。ハイテクかつ高度な訓練を積んだストームトルーパー部隊は、なんの疑問も持たずに、この独裁者のあらゆる気まぐれを遂行しなければならない。

エクセゴルに到着したカイロ・レンは、自分とファースト・オーダーを操るためにパルパティーンがスノークを作りだし、利用していたことを知る。

策略の達人

恐怖と風評で人を意のままに操れることを十分承知しているスノークは、人前に姿を現すことはめったになく、代わりにホログラムで命令を与える。ホログラム画像として大きく拡大されると、グロテスクな彼の顔はいっそう恐ろしく見えるのだ。

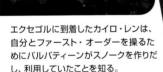

スノークはシスではないが、テレパシー、マインド・プローブ、テレキネシス、フォースチョーク（首絞め）、ライトニング（稲妻）攻撃といった多くのフォース能力を習得している。また、古代シスの伝統にしたがってカイロ・レンを弟子にとり、彼の弱さを巧みに利用し、思うがままに動かしている。

金をちりばめた
豪華なローブ

サイ・スヌートルズ

マックス・レボ・バンドのリード・シンガー

DATA FILE

所属：ジャバの宮殿

出身惑星：ロウィック

種族：パロウィック

身長：1.6m

登場作品：VI

参照：ジャバ・ザ・ハット、
　　　マックス・レボ

表現力
豊かな口

ふたつめの
口から突きだす
伸縮自在の牙

パロウィックは丸い体に細い手足、眼柄
と長い唇柄を持つ種族だ。

肺活量のある胸は泳ぐとき、
それに歌うときにも
都合がよい！

故郷の惑星の沼で
周囲に溶けこむ
まだらな肌

ロウィックの歌手サイ・ス
ヌートルズは、マックス・レボ・
バンドがジャバの宮殿で演奏し
ていたときのリード・シンガー
だ。スヌートルズは親友のグリアー
タ・ジェンドワニアンもダンサー
兼コーラスとして雇うことを条件
に、このバンドに加わった。

マイク
スタンド

浅い湖の上を歩くため、
前後に向いている
足の指

スヌートルズは冒険に満ちた人生を送ってき
た。ズィロ・ザ・ハットの愛人だったことも
あるが、やがてズィロがどれほど残酷なハッ
トかを知ると、一転して彼を殺す仕事を請け
負った。ジャバの宮殿では二重スパイとして
働き、ビブ・フォーチュナの嘘をジャバの敵
に流している。

奇妙な歌い方

ジャバにすっかり気に入られたことから、サ
イ・スヌートルズは自分の才能を過信して
いたが、ジャバの死後バンドが解散すると、
有名バンドに入るなど夢のまた夢だと気づ
く。主な理由は、彼女の歌い方があまりに
も不気味だからである。

タリサン・"ターリー"・リントラ

ディカー作戦のブルー・リーダー

DATA FILE

所属：レジスタンス／ブルー中隊
出身惑星：ピピップ3
種族：人間
身長：1.73m
登場作品：VIII
参照：ペイジ・ティコ、
　　　ポー・ダメロン

ターリー・リントラが初めてビークルを操縦したのは、両親の農場の手伝いで、農薬散布用に改造したRZ-1Aウイングに乗ったときだった。現在はレジスタンの腕利きパイロットとして、RZ-2Aウイングを飛ばしている。

父からもらった
合成シルクのスカーフ

標準仕様の
緑色の飛行スーツ

ターリーはレジスタンスの任務で、ポー・ダメロンさえ舌を巻くほど素晴らしい操縦技術を披露してきた。救援任務から、大型船の護衛、標的の破壊やファースト・オーダーのタイ・ファイターとの空中戦など、彼女のこなす任務は多岐にわたる。

ブルー・ワン

ディカーの基地を撤退する作戦で、ターリーはブルー・ワンというコールサインのもと、ブルー中隊を率いた。ブルー中隊は、ファースト・オーダーのドレッドノート艦フルミナトリックスを破壊できるほど大量の爆弾を積んだMG-100スターフォートレスからなるボマー中隊を護衛および援護する。

ターリーがA ウイングのエンジンをふかし、ラダスの格納庫を離れようとしたそのとき、カイロ・レンのタイ・サイレンサーが放ったビームがA ウイングの機体に命中した。

グイデンハウザー社
製の射出ハーネス

タンク・トルーパー

帝国軍のパトロール部隊

DATA FILE

所属：帝国
出身惑星：さまざま
種族：人間
身長（平均）：1.83m
標準ビークル：TX-225 "オキュパイア" コンバット・アサルト・タンク
登場作品：RO、M
参照：AT-AT パイロット

タンク・トルーパーは、帝国軍の地上攻撃用ビークルのドライバーとして訓練を受けたストームトルーパーである。巨大な輸送船内で兵員の輸送を受け持つこともあれば、重装備の戦車に乗って攻撃を先導することもある。

空気フィルター

狭いタンク内に入れるよう軽量化されたアーマー

強奪したカイバー・クリスタルは、タンクに載せられてジェダ・シティを出たのち、惑星外に運ばれる。

タンク・トルーパーは恐怖の3人組として、ドライバー、砲手、戦車上部で指揮を執る者がひと組になって任務をこなす。タンクのメンテナンスをするのもドライバーの役目だ。

格好の標的

ずんぐりしたTX-225タンクが強大なパワーを持つことは一目瞭然だが、そのせいで地元の反乱分子たちの格好の標的にもなる。ジェダの曲がりくねった通りでは、素早く撤退することも不可能だ。

ターフル

ウーキーの市長

DATA FILE

所属：共和国
出身惑星：キャッシーク
種族：ウーキー
身長：2.34 m
登場作品：III
参照：チューバッカ

ターフルはキャッシークにあるウーキーの都市カチーホの市長である。分離主義勢力の独立星系連合軍がキャッシークを侵略してくると、彼はチューバッカやジェダイのヨーダ、ルミナーラ・アンドゥリ、クインラン・ヴォスと力を合わせ、侵略者たちを撃退するためのウーキー流の戦略を練る。

戦いの
雄たけびで
むきだした歯

装飾的な
肩甲

点火用の球体

オーダー66が発令されたあと、ターフルとチューバッカは隠してあった脱出ポッドでヨーダをキャッシークから逃がす。

ターフルはウーキーたちにとっては長年の宿敵、トランドーシャンに奴隷にされた経験がある。クローン兵士たちに助けられたターフルは、相手が誰であれ仲間を奴隷にしようとする者や、キャッシークの占領を企む者たちと全身全霊をかけて戦うことを誓う。

木登りで
発達した
ふくらはぎの
遅しい筋肉

ウーキーの攻撃

ターフルは冷静で思慮深いウーキーだが、必要とあれば屈強な戦士になれる。彼は仲間のウーキーを率いて、大胆にも分離主義勢力軍の水陸両用タンク・ドロイドに襲いかかった。

密生した毛が
足の甲を守る

タス・リーチ

カンジクラブのリーダー

DATA FILE

所属：カンジクラブ
出身惑星：ナル・カンジ
種族：人間
身長：1.57m
登場作品：VII
参照：チューバッカ、ハン・ソロ、
　　　カンジクラブ・ギャング、
　　　ラズー・クイン＝フィー

タス・リーチは、悪名高いカンジクラブ・ギャングの現在のリーダーだ。ストリート・ファイトで戦い方を身につけてきた荒くれ者のタスは、弱みをまったく見せず、自分の地位をしっかりと守っている。

衝撃を和らげる
プラストイド製の胴着

予備の弾薬

銀河の辺境にある惑星ナル・カンジで育ったタス・リーチは、じりじりとカンジクラブのトップにのぼりつめた。銀河の標準語であるベーシックは臆病者が話す弱い言語だと軽蔑し、頑なに話そうとしない。

"ハットも粉砕する"
ブラスター・ライフル

計算違い

ただでさえ気の短いリーチは、すでに2回もカンジクラブに積み荷を届けそこねているソロに、堪忍袋の緒が切れる寸前である。手下を引き連れ金目のものを捜してソロの貨物船に乗りこむものの、積み荷のラスターが解き放たれるとたちまち形勢が逆転し、死に物狂いで逃げるはめになった。

TEEDO
ティーボ

イウォークの神秘主義者

DATA FILE

所属：ブライト・ツリー村
出身衛星：エンドアの森の月
種族：イウォーク
身長：1.24m
登場作品：VI
参照：チャーパ村長、ログレイ

チュリの
羽根

グレックの髑髏で
作った頭飾り

エンドアの帝国軍駐屯部
隊を倒すため、ティーボは仲
間のイウォークとともに反乱同
盟軍に加わる。

縞模様の毛

権威を示す杖

イウォークの
ティーボは、星を読
み、詩を作る。自然
界の力と神秘的な
結びつきを持ってい
る彼は、鋭い洞察力と現実的な
考え方を買われ、部族を導くひ
とりとなる。

祈祷師（シャーマン）ログレイの弟子に
なる以前、ティーボは部族のなかでさま
ざまな冒険をしながら育った。いつの
日か村の祈祷師になることを願い、彼
はイウォークの魔術をきわめようと励
んでいる。

好戦的な出会い

初めてハン・ソロと彼の仲間を見た
とき、ティーボは彼らを敵だとみなし
た。それを見てとったR2-D2は拘束
を解かれたとたんに、ティーボの臀
部を高圧放電で焦がす！

TEEDO
ティードー

ジャクーの野蛮な廃品回収者

DATA FILE

所属：なし
出身惑星：ジャクー
種族：ティードー
身長：1.24m
登場作品：VII
参照：BB-8、レイ

ゴーグル

マグパルス・
グレネード

体液を集め
リサイクルする
キャッチボトル

ジャクーの荒野でよく見かけるティードーは、小柄だが獰猛な種族だ。彼らはサイボーグのラガビーストにまたがり、回収できる機械のパーツや廃品を捜して砂丘を巡回し、自分が見つけたものをがむしゃらに守ろうとする。

この種族の個人に関する認識は少々変わっている。ティードーという名称は、種族全体を意味すると同時に、種族のひとりひとりをも意味しているようなのだ。ティードーは小柄なのに、どういうわけか自分たちにはかなりの威嚇能力があると考えている。

BB-8を盗め

ラガビーストにまたがり、ジャクーのケルヴィン峡谷を横切っていたティードーは、荒地を転がっていくBB-8を見つけ、すばやく網をかける。だが、うるさく騒ぎ立てるドロイドの声を聞きつけた若い人間——レイ——が、すごい剣幕で彼にくってかかった。うんざりしたティードーは、手間をかけるほどの獲物でもない、と退散する。

鱗に覆われた肌

ドロイドの足部から作った
砂漠用の靴

256

TESSEK
テセック

ジャバに仕えるクオレンの会計士

DATA FILE

所属：ジャバの宮殿
出身惑星：モン・カラ
種族：クオレン
身長：1.8m
登場作品：VI
参照：ジャバ・ザ・ハット

聴覚器官

テセックはジャバに会計士として雇われ、宮殿で働いている。だが、彼のジャバに対する忠誠は見せかけで、陰ではこの犯罪王を暗殺し、犯罪帝国を乗っ取ろうと画策しているのだ。ジャバはこの企みを知っているようだが、テセックはそのことにまるで気づいていない。

自在に動く口の触角

モン・カラ出身のクオレンであるテセックは、銀河の政治に関わってきた。だが、帝国が同胞を奴隷にしはじめると、故郷を逃れてタトゥイーンに隠れ、犯罪者ハットたちのもとで金融に関する知識を役立てることになった。

陰謀家のレッテル

モン・カラマリとのあいだに繰り返し紛争を起こすクオレンは、常に利益を得ようと悪知恵を働かせている信頼できない陰謀家だというレッテルを貼られた。ほかの種族が挙げるクオレンの最悪の性格のいくつかは、たしかにテセックにもあてはまる。

水分を逃がさない服

タイ・ファイター・パイロット

帝国軍パイロット

DATA FILE

所属：帝国

出身惑星：さまざま

種族：人間

身長：さまざま

標準ビークル：タイ・シリーズ・
　　　　　　　スターファイター

登場作品：S、RO、IV、V、VI、M

参照：AT-ATパイロット

強化飛行ヘルメット

ガス交換ホース

タイの照準システムと飛行制御システムは、反乱同盟軍が使用するどのスターファイターのシステムよりも優れている。

生命維持パック

黒いスーツに身を包んだこれら帝国宇宙軍エリート・パイロットは、命の危険をかえりみずに与えられた任務を遂行し、標的を破壊することだけを考えるよう訓練されている。

真空用Gスーツ

エネルギーを遮蔽する素材

タイ・ファイターには敵のレーザーを散らす偏向シールドもハイパードライブも装備されていないが、パイロットたちはこの戦闘機を誇りにしている。帝国アカデミーの厳しい訓練をくぐり抜けてきた彼らは、自分たちの操縦技術を銀河一とみなし、慢心することが多い。

警戒態勢

帝国軍では、いつでも出撃できるよう、タイ・ファイター・パイロットに常に警戒態勢をとらせている。彼らは戦闘中、タイのコクピットに破損が生じた場合に備え、生命維持パックに連結された呼吸用チューブ付きの強化飛行ヘルメットをつける。

TION MEDON
ティオン・メイドン

パウ・シティの宇宙港行政長官

DATA FILE

所属：共和国
出身惑星：ウータパウ
種族：パウアン
身長：2.06m
登場作品：III
参照：マグナガード、
　　　オビ＝ワン・ケノービ

陽光の射さない
穴のなかの生活に
より、深いしわが
刻まれた灰色の肌

細い体を
支える幅広の
ベルト

宇宙港
行政長官の杖

ティオン・メイドンは、
その昔ウータパウをひと
つにまとめたティモン・メ
イドンの子孫で、すべての
パウアンと同じように陽光
よりも暗がりを、調理され
た肉よりも生肉を好む。

床まで届く
流行りの服

ウータパウでは、不毛な地表を強風が
吹きすさぶ。そのため、ウータイとパウ
アンはすり鉢状の巨大な穴のなかに造ら
れた都市に住んでいる。

ティオン・メイドンは惑星ウー
タパウのパウ・シティにある宇宙港の
責任者だが、それは表向きにすぎない。分
離主義勢力のリーダーたちがウータパウを
一時的な避難所として使うことに決め、マ
グナガードが宇宙港委員会のほかのメン
バーを殺してしまったのだ。

プレッシャーのもとで
ジェダイ、オビ＝ワン・ケノービがパウ・シ
ティに着陸すると、ティオン・メイドンは、
おかしなことは何ひとつ起こっていない、
とジェダイに請け合う。だがその後、宇宙
船の燃料補給を待つケノービに、実は分
離主義勢力がウータパウを支配下におい
ている、と小声で打ち明ける。

TOBIAS BECKETT
トバイアス・ベケット

プロの強盗

DATA FILE

所属：自分のクルー／
　　　クリムゾン・ドーン

出身惑星：グリー・アンセルム

種族：人間

身長：1.78m

登場作品：S

参照：ハン・ソロ、
　　　リオ・デュラント、
　　　ヴァル

トバイアス・ベケットは常に策略を巡らせている。彼は犯罪者からなるクルーを集め、手っ取り早くひと財産作ろうともくろんで、強大な犯罪シンジケート、クリムゾン・ドーンの仕事を請け負っている。ベケットは素晴らしい射撃の腕前を戦いや強奪に利用し、人をだまして生きてきた男だ。

両利きのベケットは、
2挺のブラスターが入る
ダブル・ホルスターを使う

トバイアスとクルーのひとりであるヴァルは、ふたりきりでのんびり暮らせる日を楽しみにしている。

RSKF-44
重ブラスター

泥だらけの強盗たち

ミンバンで帝国軍兵士のふりをしていたベケットと彼の一味は、ハン・ソロという威勢のいい若者とウーキーのチューバッカに出会う。ベケットは次の仕事のために、ひっきりなしに宇宙船が離着陸している宇宙港からATホーラーを盗みだそうとしていたのだ。

名うての悪党ベケットが企む大規模な強奪計画には仲間が欠かせないが、彼らにすっかり心を許すことは決してない。誰もが自分を裏切ると仮定すれば失望することはない──ベケット自身が掲げているこのモットーは、彼を知る者たちにとってもよい忠告となる。

トロ・カリカン

見習い中の賞金稼ぎ

DATA FILE

所属：賞金稼ぎ

出身惑星：不明

種族：人間

身長：1.75m

登場作品：M

参照：フェネック・シャンド、
マンダロリアン
（マンドー）、
タスケン・レイダー

ブラスター・ピストル

トロ・カリカンは賞金稼ぎ稼業を始めたばかりとあって、自分がどれほど有能かを証明したくてうずうずしている。若く野心的なトロは、賞金稼ぎギルドに入るという目標を達成するため、マンドーと呼ばれるマンダロリアンの賞金稼ぎと手を組もうとする。

砂や陽射しから顔と首を保護する
ネックバフとレーシング・ゴーグル

未熟なトロ・カリカンは、経験のなさを無鉄砲な熱意で補っている。タトゥイーンでマンドーと出会うと、彼は持ち金全部と引き換えにフェネック・シャンドの捜索を手伝ってくれと申しでる。フェネックを捕らえれば、賞金稼ぎギルドに確実に入会できるからだ。

新品の革製ホルスターとベルト

トロは古いスピーダーを借り、タトゥイーンのデューン・シーにいるはずの暗殺者フェネック・シャンドを捜索する。

危険な会話

トロ・カリカンに捕まったフェネック・シャンドは、自分を逃がしてくれれば二倍の金を払う、賞金以上の価値があるマンドーを一緒に捕らえてギルドに引き渡そう、と持ちかける。フェネックが自分をだまそうとしていると感じたトロは、手を組む代わりに彼女をブラスターで撃つ。

つまずかないよう、
バックルで留めたズボン

TRUDGEN
トラッジェン

レン騎士団の戦利品コレクター

トラッジェンは自分が殺した獲物から戦利品を収集できるよう必ず戦いの最後まで留まり、獲得した記念品の一部をヘルメットやアーマーに着けている。敵はトラッジェンの巨大なバイブロ＝クリーヴァーを見ただけで震えあがる。

DATA FILE

所属：レン騎士団
　　　（ナイツ・オブ・レン）

出身惑星：不明

種族：不明

身長：1.75m

登場作品：VII、IX

参照：アプレク、カード、クラク、
　　　カイロ・レン、
　　　アシャー、ヴィクラル

猛獣使いから奪ったフード

バイブロ＝クリーヴァー

レン騎士団は、古代の武器を改造して破壊力を高めている。トラッジェンのバイブロ＝クリーヴァーは、刃の縁を高速で振動させて切れ味を倍増させる超音波テクノロジーを用いている。

武器を装着できるベルト

最後の戦い

ベン・ソロがフォースのライトサイドに転向したあと、レン騎士団はエクセゴルですべてを操るマスター、パルパティーンのもとへ戻る。ベンは騎士を相手に苦戦するが、レイがフォースを使って送ったスカイウォーカーのライトセーバーを手にしたとたんに、形勢が逆転する。

トラッジェンのヘルメットには、殺したデス・トルーパーのヘルメットのかけらが付いている。

予備の武器

タスケン・レイダー

獰猛なタトゥイーンの遊牧民

DATA FILE

所属：なし
出身惑星：タトゥイーン
種族：タスケン
身長：さまざま
登場作品：I、II、IV、M
参照：アナキン・スカイウォーカー

回収した金属から作った
ガダッフィ・スティック

目を守る
レンズ

アナキン・スカイウォーカーはタスケンの野営地ですさまじい怒りを解き放ち、報復を果たす。

水分トラップ

サンド・ピープルは分厚い服でタトゥイーンのぎらつく太陽から体を守り、頭に巻いた包帯のような布で顔を隠している。彼らの伝統的な武器はガダッフィ（またはガッフィ）・スティックと呼ばれる斧の一種だ。

タスケン・レイダー、別名サンド・ピープルは、タトゥイーンに住む人々の一部には獰猛な遊牧民だとみなされている。彼らは人里離れた荒れ地を移動し、ほかの誰も生き延びられない過酷な環境で暮らす。人間の入植者はタスケンにとっては侵略者だが、ごくまれに彼らに協力することもある。

砂漠用の分厚いローブ

狙った相手に攻撃を仕掛けるとき、タスケンはしばしば盗んだ武器を使う。

音もなくしのびよる

サンド・ピープルの多くは人間より背が高いが、驚くほど巧みに周囲の景色に溶けこむ。彼らは入植者たちが暮らす地域のはずれで食べ物をあさり、盗みを働くこともある。サンド・ピープルが恐れをなして逃げるのは、クレイト・ドラゴンの咆哮が聞こえたときだけだ。

トゥー・チューブス

トグナスのエッグメイトであり傭兵

所属：ソウ・ゲレラの
　　　　パルチザン

出身惑星：ヤー・トグナ

種族：トグナス

身長：1.9m

登場作品：S、RO
　　　　　（ベンシック）、
　　　　　RO（エドリオ）

参照：ソウ・ゲレラ

外骨格の
頭蓋骨

ソウ・ゲレラのパルチザンに加わる以前、
ベンシックはエンフィス・ネストのクラウド＝
ライダーズの一員だったこともある。

狙撃用の
モノキュラー・
スコープ

爆発物用
キャニスター

タフで非情な傭兵のエド
リオとベンシックは、ソウ・
ゲレラの反乱グループ、パル
チザンのメンバーだ。酸
素濃度が高い惑星で装着
する呼吸装置により、ふたり
はどちらも"トゥー・チュー
ブズ"と呼ばれている。

哺乳類と昆虫の特徴や器官を合わ
せ持った種族トグナスは、内骨格
と外骨格の両方を有し、昆虫と同
じ複眼で物を見る。ジェダのよう
な環境で任務を果たすには、聴覚
とバランス感覚を改善するサイバ
ネティクス・インプラントを必要
とする。

闇市で
購入した
ライフル

エッグメイト（兄弟）

トグナスは、ゼリーに入った卵のなかで育つ。
ときに、このエッグが結合すると、ふたりのト
グナスのあいだに生涯続く深い絆が生まれ
る。エッグメイトと呼ばれるふたりのトグナ
スは同じ親から生まれるとはかぎらないが、
本物の兄弟よりも強い繋がりがあり、テレ
パシーで交流できることもある。

UGNAUGHT
アグノート

クラウド・シティで暮らす豚に似た種族

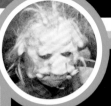

DATA FILE

所属：なし
出身惑星：ジェンティス
種族：アグノート
身長（平均）：1m
登場作品：V、VI、M
参照：クイール

昔は、多くの人々がアグノートを故郷の惑星から連れだし、奴隷として働かせていた。エキセントリックな探険家エクレシス・フィグ卿もそのひとりで、クラウド・シティの建設労働者として3部族のアグノートの奴隷をベスピンに連れてきた。のちにフィグ卿から解放されたアグノートたちはクラウド・シティに住んでいる。

流血の決闘で
使われる牙

キャプテンの記章

ヨーグジットというアグノートは、クラウド・シティを離れて新しい人生を歩みはじめた。彼はティバナ・ガスをひそかに武器商人に売ってひと財産作り、タトゥイーンへと逃げてジャバ・ザ・ハットのもとで仕事を見つけた。

飛行用長手袋

クラウド・シティの労働者

アグノートはクラウド・シティの下部で、廃品になった金属を分解、分別している。ブラスターでばらばらにされたC-3POも、あやうくスクラップになるところだった。アグノートたちはクラウド・シティ全体に作業通路やトンネルを巡らせているが、彼らの案内なしでは、赤い光に照らされたこの湿気の多い通路を使って目的地にたどり着くことはほぼ不可能だ。

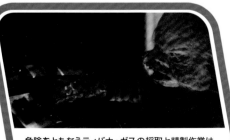

危険をともなうティバナ・ガスの採取と精製作業は、アグノートが行っている。

高価な
タクティカル・ブーツ

アンカー・プラット

ジャクーの回収業者

DATA FILE

所属：なし
居住惑星：ジャクー
種族：クロルート
身長：1.8m
登場作品：VII
参照：BB-8、レイ、ティードー

ジャクーのニーマ・アウトポストに店を持つアンカー・プラットは、盗んだスクラップや回収した廃品を売ってたっぷり儲けている。回収者が貴重な部品を持ちこんでも、渡すのはわずかな食糧のみ。それどころか、ごろつきを雇ってうまみのある取引を確実に自分のものにすることもある。

ゼラチンのように
ぷよぷよの体

回収した船体プレートを
利用したエプロン

プラットは、ニーマ・アウトポストの大きな建物のなかにある貨物クローラーを改造し、店として使っている。このアウトポストの食糧を独占しているプラットは、廃品回収者が持ちこむどんな貴重な回収品でも、わずかな乾燥食品と引き換えに手に入れることができる。

ブーツのなかには、
ひれのような足がある

水から出た魚

プラットは水生種族であるクロルートだが、欲に駆られて故郷の海を離れた。ジャクーに住みついた彼は、誰もが認めるジャンク・ディーラーの元締めとしてニーマ・アウトポストを牛耳っている。貴重な部品をよく持ちこむレイという名の廃品回収者を気に入っているが、気前のいい申し出を拒否されたとたん、痛い目を見せてやろうとごろつきを送る。

アシャー

獰猛なレン騎士団のメンバー

DATA FILE

所属：レン騎士団（ナイツ・オブ・レン）

出身惑星：不明

種族：不明

身長：1.78m

登場作品：VII、IX

参照：アプレク、カード、クラク、カイロ・レン、トラッジェン、ヴィクラル

レン騎士団のなかでもっとも残酷なアシャーは、敵のダメージを肌で感じられる接近戦を好み、相手をじわじわ苦しめる。アシャーは敵の気概を試し、立ち向かってくる勇気のある者は苦しまずにすむよう一撃で倒す。

密封ヘルメット

サーマル・デトネーター

戦闘用棍棒

アシャーは接近戦で役立つ戦闘用棍棒を含め、さまざまな武器を装備している。先端を震盪波フィールド発生装置で強化したこの棍棒は、フォース・ライトニングの一種であるキネタイトから動力を得て広範囲にわたる破壊的な震盪波を作りだし、敵に大きなダメージを与えることができる。

マスターに仕える身

“シャドウ（影）”、あるいはフォースのダークサイドと繋がりがなければ、レン騎士団に加わることはできない。また、どのような個人的犠牲を払おうとも、敵を殺すことに全力を注ぐ覚悟も必要だ。騎士団に加わる資格があるとみなされなかった者たちは、遠からず命を落とすことになる。

戦闘時の姿勢

汚れたブーツ

空気をカットするフィルター付きのヘルメットをかぶっていることからすると、アシャーはエイリアン種族だと思われる。

ヴァル

武器の専門家

DATA FILE

所属：トバイアス・ベケットの
　　　クルー／クリムゾン・ドーン
出身惑星：不明
種族：人間
身長：1.57m
登場作品：S
参照：リオ・デュラント、
　　　トバイアス・ベケット

最終的には失敗に終わったこの仕事で、ヴァルは仲間のために自分を犠牲にして爆弾を起爆する。

長年トバイアス・ベケットのクルーとして働いているヴァルは、多くの危険な仕事を生き延びてきた。ヴァルはタフで、実際的な武器スペシャリストであるばかりか、ブラスター・ライフルを持たせたら百発百中の狙撃手でもある。

シグナル探知を撹乱する電流が流れるケーブル

登攀用の電磁グリップ付き手袋

ヴァルは自分の過去については黙して語らないため、親しいクルーでも、父親が音楽家だったことと、楽器のヴァラコードにちなんでヴァルと名付けられたことしか知らない。ヴァルはトバイアス・ベケットと愛し合っているが、彼にさえ自分の秘密を話そうとしないのだ。

登攀用の合成ロープ

爆弾製造の天才

化学と電気に関する知識を使い、爆弾を作るのが得意なヴァルは、惑星ヴァンドアでコアクシウムを盗む仕事では、コンヴェイエクス輸送列車に取りつけるバラディウム爆弾を作った。起爆装置の鍵はヴァルの生体シグネチャーであるため、この爆弾を起動できるのはヴァルだけだ。

ヴァリン・ヘス

帝国軍の非情な将軍

DATA FILE

所属：帝国／帝国残存勢力
出身惑星：不明
種族：人間
身長：1.88m
登場作品：M
参照：マンダロリアン（マンドー）、ミグズ・メイフェルド、ストームトルーパー

司令官のディスク

かつて帝国軍で大きな功績を残した将軍ヴァリン・ヘスは昔の理想をあきらめるつもりはない。罪なき市民を傷つけ、危険にさらしても、銀河に秩序をもたらすのが帝国の任務だといまでも信じているヘスは、この大義のためなら、自分の部下さえ眉ひとつ動かさずに犠牲にする。

帝国軍階級章

通信機器が内蔵された
ベルトバックル

休めの姿勢

ヴァリン・ヘスは帝国に降伏することを拒否したという理由で、良心の呵責すら感じずにひとつの都市を完全に破壊した。犠牲者のなかには、5000人から1万人の自分の部下も含まれていたが、一片の悔いも感じていない。ヘスにとって、兵士は消耗品なのだ。

不愉快な会話

ヴァリン・ヘスは、狙撃兵ミグズ・メイフェルドの仲間や友人たちが犠牲になったシンダー作戦で自分がどれほどの破壊をもたらしたかを誇らしげに語る。仲間の身に起きた惨事にメイフェルドがいまでも怒りを抱いていると気づいたときには、すでに遅かった。

モラックにある精製所の食堂でテーブルについていたヘスは、貴重な積み荷を守った勇敢なパイロットが食堂に入ってきたことに気づく。

帝国軍時代に
支給されたブーツ

ホルド副提督

レジスタンスの潔い司令官

染めてある髪もユニークな
スタイルの一部だ

DATA FILE

所属：レジスタンス
出身惑星：ガタレンタ
種族：人間
身長：1.78m
登場作品：VIII
参照：ポー・ダメロン、
　　　プリンセス・レイア

アミリン・ホルド副提督はレイア・オーガナの子ども時代からの友人であり、長年の同志でもある。レイアが艦橋で重傷を負うと、レジスタンスに残されたわずか3隻のうちの1隻であるMC85スター・クルーザー、ラダスで、ホルドはレイアに代わって司令官となる。

ガタレンタ・スタイルの
優美なローブ

ガタレンタのブレスレット

ディフェンダー5
スポーティング・ブラスター

故郷の惑星ガタレンタの人々特有の独立心と一風変わった個性の持ち主であるホルドは、軍服ではなく自分の好きな服を着て、瞑想と占星術で心を落ち着け、優れた軍事戦略を編みだす。ホルドの犠牲により、わずかに残ったスターファイターが敵の手から逃れることができた。ホルドは希望の火を絶やさないために雄々しく死んだのである。

控えめな英雄

ホルドは的確な状況判断を下せる司令官だが、多くを語らぬ姿勢がレジスタンス内に摩擦をもたらす。献身的なホルドが派手な英雄行為には興味がなく、レジスタンスを守ろうという一心でひそかに作戦を実行していることを見抜けなかったポー・ダメロンは、ついに反乱を起こす。残ったレジスタンスを救うためにホルドが自身を犠牲にすると、ポーはようやく、彼女こそが真の英雄だったことに気づく。

ホルドは敵の旗艦であるスプレマシーを道連れにして、自分の乗った戦艦とともに宇宙の塵となった。

ヴィクラル

邪悪なレン騎士団のメンバー

DATA FILE

このヘルメットが
獲物を恐怖に
おとしいれる

カーブした
バイブロブレード

所属：レン騎士団
　　　（ナイツ・オブ・レン）

出身惑星：不明

種族：不明

身長：1.79m

登場作品：VII、IX

参照：アプレク、カード、クラク、
　　　カイロ・レン、
　　　トラッジェン、アシャー

ヴィクラルは自
分が倒した相手から力を得
ることができると信じて、積
極的に戦いを挑む。戦闘時に
は制御不能なダークサイドの
フォース・エネルギーが全身
にみなぎり、彼をいっそう恐ろ
しい戦士にする。

敵にダメージを与える
スパイク付きリスト・ガード

レン騎士団のメンバーにはフォース感
応力があるものの、制御する訓練を受
けていないため、その使用方法はか
ぎられている。ヴィクラルはフォース
を使って反射神経を高め、敵の恐怖
を倍増させる。

戦闘用ズボン

残酷な略奪者

レン騎士団の陰惨な所業は何世紀も前
から未知領域全体に広がっていた。彼ら
は混乱をもたらすのを喜びとし、徹底し
て無慈悲に、気の向くままに振る舞う
という掟に従って生きている。

ヴィクラルのバイブロ＝サイス（大鎌）の刃は
特別よく切れる。

ヴォバー・ダンド

レジスタンスの管理担当官

DATA FILE

所属：レジスタンス
出身惑星：サンティラ
種族：ターサント
身長：1.73m
登場作品：VII、VIII、IX
参照：ナイン・ナン、PZ-4CO

コムリンク・ヘッドセット

GLD管理担当官のコート

ファースト・オーダーの報復攻撃を避けるため常に移動し続けているレジスタンスは、銀河内戦中に反乱軍の駐屯地として準備されたあと忘れられていた基地を利用している。だが、そうした古い施設は維持に手がかかるとあって、そうでなくても人手不足の地上クルーは目が回るほど忙しい。

スターキラー基地の脅威が銀河を恐怖に陥れたあと、ヴォバー・ダンドはディカーの基地にあるXウイング部隊の整備と修理を受け持つ地上クルーを監督した。実際的なターサントである彼は、厳しい基準を設け、整備士やサポート・スタッフのチームに最善を尽くすよう求める。栄光を手にするのはパイロットだが、自分たちの努力がなければ彼らが飛び立てないからだ。

新共和国政府から多大な財政援助と物資の供給を得られなくても、ヴォバー・ダンドはレジスタンスの小規模なXウイング部隊をいつでも飛べる状態に保つ必要がある。

物資補給の責任者

比較的ゆるやかな形態を持つレジスタンスのなかで、ヴォバー・ダンドはGLD（地上における物資の調達・補給）を取り仕切っている。ダンドは新しい基地の設立時に相談を受けた最初のメンバーのひとりで、飛行スケジュールの詳細、メンテナンス要件、格納庫内の作業などを割りだすのに数学的頭脳を大いに役立てている。

ワット・タンバー

テクノ・ユニオンの代表にして監督官

DATA FILE

所属：テクノ・ユニオン／
分離主義勢力

出身惑星：スカコ

種族：スカコアン

身長：1.93m

登場作品：II、III

参照：ボバ・フェット、
ダース・ベイダー

ダース・ベイダーは、ムスタファーで待っていたワット・タンバーを容赦なく血祭りにあげる。

ボキャブレーター
／表示装置

ボキャブレーターの
調節ダイヤル

特注の与圧スーツを
覆う豪華な外衣

ワット・タンバーは、最新科学技術により莫大な利益をあげている強大な商業組織、テクノ・ユニオンの監督官だ。彼はまた兵器を製造するバクトイド・アーマー・ワークショップの重役でもある。

タンバーはまだ若いころに故郷のスカコを離れ、過酷な環境の産業惑星メタローンの科学技術の分野で働きはじめた。故郷スカコの気圧が他の惑星とは大きく異なるため、故郷を離れるスカコアンはほとんどいない。実際、酸素が主成分の大気を持つ通常の惑星では、タンバーは体が破裂しないように特注スーツを着けなくてはならない。

ライロスの略奪

クローン大戦中、ワット・タンバーはトワイレックの故郷である惑星ライロスの略奪を監督した。彼はドロイド軍を率いて首都レッスーを制圧したが、やがてメイス・ウィンドゥ将軍に率いられたクローン軍に反撃され、ライロスからの撤退を余儀なくされる。タンバーは捕まり、囚われの身となった。

トイダリアンのジャンク・ディーラー

DATA FILE

所属：なし
出身惑星：トイダリア
種族：トイダリアン
身長：1.37m
登場作品：I、II
参照：アナキン・スカイウォーカー、
　　　クワイ=ガン・ジン、
　　　シミ・スカイウォーカー

翼のあるトイダリアンのワトーは、タトゥイーンのモス・アイズリーでジャンク・ショップを営んでいる。頭の回転は速いが、無類のギャンブル好きで、儲けた金をポッドレースに賭け、ハットとのギャンブルや奴隷を買うことに費やす。アナキンとシミのスカイウォーカー母子も、そうやって手に入れたのだ。

柔軟性のある長い鼻

3日分の無精ひげ

町の人々はワトーの店を屑同然のがらくたを並べたジャンク・ショップだというが、本人は中古部品店だと言い張っている。

故郷の惑星トイダリアの兵士だったワトーは、負傷したあと故郷を離れ、タトゥイーンに流れついた。その後、ジャワが中古の機械や部品を売買するのを観察して商売のコツをつかみ、ジャンク・ショップを始めた。

ガスでぱんぱんの
突きでた腹

金庫と奴隷を管理する
キーコード

立派なジェダイになった元奴隷のアナキン・スカイウォーカーを見て、ワトーは驚く。

偶然の出会い

ひと目でほかの惑星から来たとわかる男がハイパードライブの部品を求めて店を訪れると、ワトーは金儲けのチャンスとばかりに大いにはりきる。ジェダイのクワイ=ガン・ジンは、まさかその店で、古い予言にある"選ばれし者"、アナキン・スカイウォーカーと出会うとは夢にも思っていなかった。ジェダイとの賭けに負けてアナキンを失ったことが、ワトーにとっては不運の始まりとなる。

ウェッジ・アンティリーズ

反乱同盟軍の英雄

DATA FILE

所属：帝国／反乱同盟／新共和国／
レジスタンス

出身惑星：コレリア

種族：人間

身長：1.7m

登場作品：IV、V、VI、IX

参照：ルーク・スカイウォーカー、
スナップ・ウェクスリー、
X ウイング・パイロット

X ウイング・パイロットのウェッジ・アンティリーズは反乱同盟軍、新共和国、レジスタンスの任務で、数えきれないほど何度も操縦桿を握ってきた。絶体絶命の窮地でも、圧倒的多数の敵を前にしても落ち着きを失わぬ能力こそが、アンティリーズが伝説のパイロットと言われるゆえんである。

X ウイング・パイロットの
飛行スーツ

地上にいるより空の上にいるほうがくつろげるアンティリーズは、帝国アカデミーでパイロットとして訓練を受けたものの、その後反乱軍に加わった。X ウイング・ファイターで初代デス・スターを攻撃し、ルーク・スカイウォーカーとともに生き延びたアンティリーズは、ホス、エンドア、ジャクーの戦いでもX ウイングに乗って戦う。

アンティリーズが所有している
12個の飛行ヘルメットのひとつ

飛ぶために生まれた男

初代デス・スターと第2デス・スターの破壊に貢献したあと、アンティリーズはテミン・"スナップ"・ウェクスリーを含む新世代のパイロットの訓練に助力する。その後テミンの母親で、仲間のパイロットでもあったノラと結婚して軍を引退するが、レジスタンスから声がかかると、再びX ウイングに乗りこんでエクセゴルの戦いに加わった。

閃光弾

アンティリーズはレジスタンスの一員として、
ファースト・オーダーを相手に戦う。

エンドアの戦いで履いていたブーツ

ウィケット・W・ウォリック

若いはぐれイウォーク

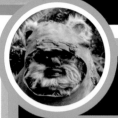

DATA FILE

所属：ブライト・ツリー村
出身衛星：エンドアの森の月
種族：イウォーク
身長：80cm
登場作品：VI、IX
参照：チャーパ村長、ログレイ、
　　　プリンセス・レイア、
　　　ティーボ

槍

フード

分厚い体毛

ウィケットはスター・デストロイヤーが破壊されるのを息子のポメットと一緒にご機嫌で見守る。

一匹狼だと評判の若いイウォーク、ウィケット・W・ウォリックは、エンドアの月にある森のなかの村から離れ、あちこち歩きまわって過ごす。プリンセス・レイア・オーガナと出会ったのも、そういうひとり歩きの最中だった。ウィケットはすぐにレイアを信頼し、木の上にある安全な自分の村にともなう。

ウィケットは子どもの頃、素晴らしい友であるティーボ、ニーサ、パプルーと、兄弟のウィーチーやウィリーと一緒に冒険に満ちた日々を送った。祈祷師ログレイが使う神秘的な魔法を大いに尊敬しているが、残念ながらウィケットにはそれを学ぶだけの忍耐力がない。

友達か？

レイアと仲良くなったウィケットは、仲間がレイアの友人たちを引き立ててくると、手荒く扱うなと抗議する。だが、ふだんからひとりでいることの多い彼の発言に、ブライト・ツリー村の長老たちは聞く耳を持たなかった。

WINTA
ウィンタ

忠実な友

DATA FILE

所属：不明
出身惑星：ソーガン
種族：人間
身長：不明
登場作品：M
参照：グローグー、マンダロ
　　　リアン（マンドー）、
　　　オメラ

ウィンタの村の子どもたちは、村にやってきたグ
ローグーとすぐに打ちとけ、仲良く遊びはじめた。

風雨をしのぐチュニック

ウィンタは惑星ソーガンに
ある小さな村で母のオメラと暮ら
している。マンドーが村にやってくる
と、グローグーと友だちになった。こ
の可愛い緑の赤ん坊を守ってやり
たいという気持ちに駆られたウィン
タは、そのためならどんなことでもし
ようと決意する。

母のお手製のベルト

ある日、ウィンタが母のオメラとクリ
ルを栽培していると、恐ろしいクラトゥ
イニアンの略奪者が村を襲ってきた。
幸い、ふたりは襲撃者が立ち去るまで
池にある魚の籠の下に隠れていて無事
だった。

悲しい別れ

グローグーが賞金稼ぎたちに追われているため、マン
ドーたちはソーガンを離れなくてはならない。村を出
て行くことが新たな親友のためだとわかっていても、
ウィンタはグローグーと別れることが悲しくてたまら
なかった。

農作業用ブーツ

X ウイング・パイロット

スターファイターのエース・パイロット

DATA FILE

所属：反乱同盟／新共和国／
　　　レジスタンス

出身惑星：さまざま

種族：さまざま

標準ビークル：X ウイング・
　　　　　　　スターファイター

登場作品：RO、IV、V、VI、M、
　　　　　VII、VIII、IX

参照：ルーク・スカイウォー
　　　カー、ポー・ダメロン

勇敢なXウイング・パイロットはいまや伝説となっている。反乱同盟軍のパイロットはXウイング・スターファイターを操縦し、帝国軍と戦った。新共和国軍のXウイング・パイロットは銀河の秩序を保つために飛んだ。レジスタンスのパイロットたちも、同じ飛行スーツを着て、同じ伝統を守り、ファースト・オーダーと戦っている。

反乱同盟が創設されてまもない頃、ラロ・サレルのようなXウイング・パイロットはヤヴィン4にあるマサッシ基地に所属していた。彼らはのちに伝説となるレッド、ブルー、グリーン、ゴールド中隊の初期メンバーとしてT-65Xウイングを操縦した。

生命維持ユニット

装具用ポケット

ギア・ハーネス

ポー・ダメロンをはじめとするレジスタンスのXウイング・パイロットは、X-65の後継機であるT-70Xウイングを飛ばす。

ヤヴィンの戦い

ウェッジ・アンティリーズ（レッド2）、ビッグズ・ダークライター（レッド3）、ルーク・スカイウォーカー（レッド5）のようなレッド中隊のパイロットは、初代デス・スターの破壊に重要な役割を果たした。彼らのなかで戦いを生き延びたのはアンティリーズとスカイウォーカーだけだった。

トワイレックの戦士

DATA FILE

所属：ランザー・マルクのクルー

出身惑星：ライロス

種族：トワイレック

身長：1.7m

登場作品：M

参照：マンダロリアン
（マンドー）、
ミグズ・メイフェ
ルド、クイン、
ランザー・マルク

通信装置付き
ヘッドギア

シアンと双子の兄クインは、ランザー・マルクの傭兵クルーだ。シアンはすぐに頭に血がのぼり、かっとなったら何をしでかすかわからない。また、意見の相違があるときは、言葉で解決するよりもナイフを投げて相手の口を封じることが多い。

戦闘時に最大限の敏捷性を
発揮できる伸縮性のある服

予備の投げナイフを入れた仕切り

偽りの笑み

シアンはにこやかな笑顔で、ともに働いたときのことをマンドーことディン・ジャリンに思いださせる。とはいえ、本当は兄のクインが新共和国に捕らわれたのはマンドーのせいだと思いこみ、辛抱強く仕返しのチャンスを狙っているのだ。

武器を隠した袖

音を立てずにナイフを投げる

ジェダイのアイラ・セキュラや、反乱者のヘラ・シンドゥーラのように、自分たちの命を危険にさらし、圧政と戦うトワイレックもいるが、シアンのように暗黒街で犯罪者として生きるトワイレックもいる。

シアンは新共和国の監獄船に捕らわれていた兄のクインを助けだし、再会を喜ぶ。

ヤドル

YADDLE

思いやりのあるジェダイ・マスター

DATA FILE

所属：ジェダイ

出身惑星：不明

種族：不明

身長：61cm

登場作品：I

参照：オポー・ランシセス、
　　　ヨーダ

ジェダイ評議会の長老である
マスター・ヤドルは、寡黙ではあ
るが、深い思いやりと強い忍耐力
を持つジェダイである。尊敬して
いるヨーダと同じ種族だが、彼女
の年齢はヨーダのおよそ半分、ま
だ477歳だ。

文武両道

知識の習得に多くの時間を費やしてき
たヤドルは、いまでもジェダイ・テンプ
ルのアーカイブで過ごすことが多いが、
戦場での交渉といった任務も精力的に
こなしている。

若々しい
まげ

ヤドルは多くのジェダイ・パダワ
ンを訓練してきた。やはり評議会
のメンバーであるオポー・ラン
シセスもそのひとりだ。

形のよい耳

ヤレアル・プーフ

ケルミアンのジェダイ・マスター

DATA FILE

所属：ジェダイ

出身惑星：ケルミア

種族：ケルミアン

身長：2.64m

登場作品：I

参照：オビ＝ワン・ケノービ、
　　　クワイ＝ガン・ジン

長い首

伝統的な
ケルミアンの
カノム・カラー

ナブーの危機が銀河を
震撼させるころには、ヤレ
アル・プーフはすでに何百
年もジェダイ評議会のメン
バーとして献身的に仕え
ていた。彼は得意とす
るジェダイのマイン
ド・トリックを駆使
し、対立にけりを
つける。

人は見かけによらぬもの

ヤレアル・プーフは、アナキン・スカイ
ウォーカーという少年をつれて惑星ナブー
の任務から戻ったクワイ＝ガン・ジンとオ
ビ＝ワン・ケノービの報告に、静かに耳を
傾けた。ジェダイ評議会でのプーフは穏
やかな思索家に見えるが、実際は優れた
ライトセーバーの使い手で、背骨のない
者にしか実践できない多くの驚異的な技
に熟達している。

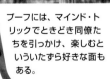

プーフには、マインド・ト
リックでときどき同僚た
ちを引っかけ、楽しむと
いういたずら好きな面も
ある。

ケルミアンは細長い首と長い四肢のほか
にもう一対の腕も持っているが、ヤレア
ル・プーフはふだんそれをローブの下に
隠している。ケルミアンには鼻がなく、
手にある嗅腺でにおいを嗅ぐ。また、頭
部にひとつ、胸のなかにひとつ、合わせ
てふたつの脳がある。

たっぷりしたローブが
一対の補助腕と、
胸にある下部脳を
隠す

281

ヨーダ

伝説のジェダイ・マスター

DATA FILE

所属：ジェダイ

出身惑星：不明

種族：不明

身長：66cm

登場作品：I、II、III、
　　　　　V、VI、VIII

参照：ルーク・スカイ
　　　ウォーカー

何世紀も前から
ほとんど
毛のない頭

史上最強のジェダイのひとりであるヨーダは、900年近い生涯で銀河の変遷をつぶさに見てきた。最盛期の銀河共和国に仕えただけでなく、その衰退と崩壊も目の当たりにしたヨーダは、クローン大戦とオーダー66を生き延びた数少ないジェダイのひとりとなり、辺境の惑星ダゴバに隠れ住んだ。

手織り布のローブ

シスの怒り

クローン大戦はジェダイ・オーダーを壊滅させるためにシスが仕組んだ陰謀だった。ヨーダはこの事実をついに受け入れ、パルパティーンと対決する。しかし、小柄ながら驚くべき強さとスピードを持つこのジェダイの非凡な戦闘技術も、シス卿のすさまじい怒りには歯が立たなかった。

何百人というジェダイをナイトの位へと導き、数えきれないほど多くの惑星を訪れてきたヨーダは、戦わずに争いを解決する自分の能力にひそかに自信を持っていた。しかし、ダークサイドの使い手が再び現れると、人々はしだいにヨーダへの信頼を失っていく。

ヨーダは、最後の弟子にして銀河の最後の望みであるルーク・スカイウォーカーを惑星ダゴバで訓練する。

アナキンとヨーダ、オビ＝ワン・ケノービの3人は、死後、フォースとひとつになった。

ザム・ウェセル

変幻自在の暗殺者

DATA FILE

所属：賞金稼ぎ
出身惑星：ゾラン
種族：クローダイト
身長：1.68m
登場作品：II
参照：ジャンゴ・フェット

KYD-21
ブラスター

ザム・ウェセルはとりわけ便利な技を持つ暗殺者だ。クローダイトであるザムは外見を変え、ほかの種族の形を真似ることができるのだ。彼女は銀河にその名をとどろかせている賞金稼ぎのジャンゴ・フェットと何年も仕事をしてきた。

外見を変えるときに
伸縮するボディスーツ

肺に直結した
呼吸パック

ブラスト・エネルギーを
遮断するスカート

戦士と騎士の古代オーダーであるマバリの本拠、惑星ゾランで生まれたザム・ウェセルは、マバリから訓練を受けるものの、やがて金儲けに惹かれて大都市デノンへ向かった。彼女はそこで、それまでの訓練と身につけた技を生かし、暗殺者としての道を歩みはじめる。

目まぐるしい追跡

追跡されるのを避けるため、ザム・ウェセルは仕事のたびにビークルを盗むことが多い。だが、急いで逃げる必要があることが前もってわかっているときは、自分のエアスピーダーを使う。ジャンゴ・フェットからパドメ・アミダラ元老院議員の暗殺を請け負ったザムは、借り物のスピーダーでしつこく追ってくるふたりのジェダイから、必死に逃げるはめになった。

多様な脚の形に
対応するブーツ

ザム・ウェセルの真の姿であるクローダイトは、爬虫類ヒューマノイドだ。

ZORII BLISS
ゾーリ・ブリス

タフなスパイス・ランナー

DATA FILE

所属：キジーミのスパイス・
　　　ランナーズ

出身惑星：キジーミ

種族：人間

身長：1.62m

登場作品：IX

参照：バブ・フリック、
　　　ポー・ダメロン、レイ

生命維持システム
を内蔵した
ヘルメット

ブロンジウムの
喉当て

ブラスター・ビームを偏向する
アーム・ガード

ゾーリ・ブリスは、まだ10代のとき
に母のゼヴァ・ブリスが率いるスパ
イス・ランナーズに加わった。年
の近い新米メンバーのポー・ダ
メロンと親しくなるが、彼は
ゼヴァの企てた商売敵の暗
殺を阻止し、その直後に
このグループを去った。
ゾーリはやがて、スパ
イス・ランナーズの
リーダーとなった。

ゾーリは
2挺のE-851
ブラスターを
携帯している

カスタム仕様の
宇宙船乗りのブーツ

ゾーリはキジーミを逃れる計画をポー・ダメロンに
打ち明け、一緒に来ないかと彼を誘う。

気性の激しいゾーリ・ブリスは、
キジーミに本拠を置く犯罪グルー
プ、スパイス・ランナーズのリー
ダーだ。かつて軍のパイロットにな
るために突然スパイス・ランナー
ズを去ったポー・ダメロンがキジー
ミに戻ると、ゾーリはしぶしぶとは
いえ、力を貸すことに同意する。

認め合うふたり

ゾーリはキジーミに戻ったポー・ダメロンに腹を立
てていたが、レイの戦闘技術に感心し、彼女の率
直な懇願に心を動かされる。ダメロンとレイが
軌道上のスター・デストロイヤーからチューバッ
カを助けだせるように、ゾーリは彼にファースト・
オーダーの通行データ・メダリオンを渡した。

ZUCKUSS
ザッカス

ギャンドの賞金稼ぎ

DATA FILE

所属：賞金稼ぎ
出身惑星：ギャンド
種族：ギャンド
身長：1.5m
登場作品：V
参照：4-LOM

複眼

アンモニア
呼吸装置

外套（がいとう）の下には
分厚い戦闘用アーマーを
着けている

呼吸パック

"捜索者"の外套

昆虫種族ギャンドの賞金稼ぎザッカスは、同業のドロイド、4-LOMと組んで仕事をすることが多い。ザッカスは霧に包まれた故郷の惑星ギャンドで何世紀ものあいだ受け継がれてきた神秘的な人捜しの術を使い、狙った獲物をどこまでも追う。

ザッカスはアンモニアしか吸いこめないため、酸素が多い大気のなかでは呼吸装置を着けなくてはならない。生まれ故郷の伝統である人捜しの術がすたれはじめると、ザッカスはいちはやく故郷を離れた。人捜しが得意な彼にとって、獲物を追って賞金を稼ぐのは割のいい商売だ。

優れた追跡術で知られるザッカスは、銀河のあちこちで引く手あまたの腕利き賞金稼ぎだ。

強力なコンビ

ザッカスの不可思議な能力はほかの賞金稼ぎを不安にさせるが、プロトコル・ドロイドの賞金稼ぎ、4-LOMはまったく気にしない。ザッカスはそれを気に入り、頻繁に4-LOMと組んで仕事をする。このふたりは最強のコンビだ。彼らの仕事ぶりに目を留めたダース・ベイダーは、ミレニアム・ファルコンの居所を突きとめる仕事にふたりを雇う。

INDEX
インデックス

Penguin
Random
House

Project Editor Matt Jones
Project Art Editor Chris Gould
Production Editor Marc Staples
Senior Producer Mary Slater
Managing Editors Emma Grange and Sarah Harland
Managing Art Editor Vicky Short
Publishing Director Mark Searle

Edited for DK by Simon Beecroft and Shari Last
Designed for DK by Gareth Butterworth

For Lucasfilm
Senior Editor Brett Rector
Creative Director of Publishing Michael Siglain
Art Director Troy Alders
Art Department Phil Szostak
Story Group Pablo Hidalgo, Leland Chee, Emily Shkoukani
Asset Management Chris Argyropoulos, Jackey Cabrera,
Gabrielle Levenson, Bryce Pinkos, Erik Sanchez,
Jason Schultz, Sarah Williams

DK would like to thank Chelsea Alon at Disney Publishing; Vicky Armstrong
and Cefn Ridout for editorial assistance; Vanessa Bird for the index;
Megan Douglass for proofreading and Americanization; Julia March and
Louise Stevenson for proofreading and Anglicization; Neha Ahuja,
Owen Bennett, Dan Bunyan, Jo Casey, Elizabeth Dowsett, David Fentiman,
Julie Ferris, Jon Hall, Guy Harvey, Akansha Jain, Tori Kosara, Lisa Lanzarini,
David McDonald, Clare Millar, Lynne Moulding, Lauren Nesworthy,
Mark Penfound, Sandra Perry, Clive Savage, Sadie Smith, Lisa Sodeau,
Ron Stobbart, Chitra Subramanyam, Rhys Thomas, Toby Truphet,
and Arushi Vats for their work on previous editions of this book.

装丁・組版：安藤 正剛（有限会社 アスールプランニング）
校　　正：株式会社 円水社
編集協力：株式会社 うさぎ出版
編集担当：大森 春樹（株式会社 世界文化ブックス）

スター・ウォーズ　キャラクター事典　最新完全版
発行日：2022年12月15日　初版第1刷発行

文：　　　パブロ・ヒダルゴ、サイモン・ビークロフト、
　　　　　エリザベス・ドーセット、ダン・ゼール、エイミー・リチャウ
訳　者：　富永晶子、富永和子

発行者：　竹間 勉
発　行：　株式会社 世界文化ブックス
発行・発売：株式会社 世界文化社
　　　　　〒102-8195　東京都千代田区九段北4-2-29
　　　　　電話03（3262）5118（編集部）
　　　　　電話03（3262）5115（販売部）

ISBN978-4-418-22411-1

Printed and bound in China

For the curious

www.dk.com
www.starwars.com